Archiv für Geschichte des Widerstandes und der Arbeit

Diese Zeitschrift bietet denjenigen, die sich mit der Geschichte des Widerstandes und der Arbeit beschäftigen, die Möglichkeit, sowohl ihre Ausarbeitungen, Materialien und Skizzen zu publizieren als auch in einen Diskussions- und Arbeitszusammenhang einzutreten. Eine Zusammenkunft aller am ‚Archiv‘ Interessierten ist geplant.

Ausdrücklich sei gesagt, daß jedes eingesandte Manuskript von der Redaktion sorgfältig beurteilt wird.

Redaktion: Alexander Brandenburg, Wolfgang Braunschädel, Jörg Hausmann, Johannes Materna, Gottfried Mergner und in Kooperation: Forschungsgruppe ‚Soziale Integration und Widerstandsformen‘ der Carl-von-Ossietzky Universität Oldenburg.

Anschrift der Redaktion: Alexander Brandenburg, Hustadtring 45, 4630 Bochum (Tel. 0234/701112).

Umschlagentwurf: Renate Schürmann

Preis des Abonnements für die ersten 4 Hefte (incl. Porto): 48.– DM. Für Arbeitslose, Kriegsdienstverweigerer, Auszubildende kostet das Abonnement 32.– DM.
Bei Überweisungen bitte Kennwort „ARCHIV" angeben. Auf das Postscheck-Konto: Karin Kramer Verlag Berlin, Berlin-West. Nr. 244 053-104.

CIP-Kurztitelaufnahme der Deutschen Bibliothek

**Archiv für die Geschichte des Widerstandes
und der Arbeit.** – Berlin: Kramer.
Erscheint unregelmäßig.
No. 2/3 ff. – 1980 ff.

(c) Karin Kramer Verlag Berlin
Braunschweiger Str. 22 – Postfach 106
1000 Berlin-Neukölln (44)
1. Auflage 1980
Gesamtherstellung: Offsetdruckerei Dieter Dreßler
Satz: Unicom, Frankfurt/M.
ISBN 3-87956-133-8

für die Geschichte des Widerstandes und der Arbeit

Kajo Burkard
Zwischen Autonomie und Philanthropie.
Zu den Anfängen der Arbeiterbildung in England

Gottfried Mergner
Johannes Knief und seine Region. Teil II

Marcel van der Linden
Der „wilde" Rotterdamer Hafenstreik 1979

Detlef Roßmann
Statische Repräsentanz: Kommunistische Öffentlichkeit
in einer Kleinstadt der Weimarer Republik

**Karin Kramer Verlag
Berlin**

K. Burkard thematisiert die Anfänge der Arbeiterbildung in England. Diese Anfänge sind eng verbunden mit der Entstehungsgeschichte der "Mechanics' Institutions" genannten Arbeiterbildungsinstitutionen, die um die Mitte der 1820er Jahre in fast allen größeren englischen Städten entstanden.in der Frühzeit dieser "Mechanics' Institutions" konvergierten zeitweise unterschiedliche Traditionen von Arbeiterbildung, die sich bislang unabhängig voneinander gebildet hatten und die sich nach einer Phase heftiger Konflikte um Fragen der politischen Kontrolle und der Inhalte der Bildungsarbeit erneut in unterschiedlicher Richtung entwickelten: zum einen die "philanthropische" Tradition der Vermittlung naturwissenschaftlicher Kenntnisse an "mechanics" (im damaligen Sprachgebrauch alle Handwerker, in deren Arbeitsprozeß mechanische Hilfsmittel eine größere Rolle spielten), zum anderen die "autonome" Tradition der "mutual improvement" bzw. "mutual instruction", d.h. der Selbstorganisation des Lernens von Arbeitern in eher informellen Gruppen ("societies"), die häufig Bestandteil politischer oder gewerkschaftlicher Aktivitäten waren. Der hier am Beispiel der "London Mechanics' Institution" (LMI) beschriebene Konflikt zwischen den Verfechtern der beiden in ihren Zielen, Inhalten und Organisationsformen unterschiedlichen Konzeptionen von Arbeiterbildung kann zugleich als Teil des sich verstärkenden Differenzierungsprozesses zwischen der Reformbewegung des (sich als "middle class" begreifenden) industriellen Bürgertums und der entstehenden sozialen und politischen Emanzipation der "arbeitenden Klassen" gedeutet werden.

G. Mergner behandelt in dem zweiten Teil des Aufsatzes über Johannes Knief dessen Rolle und Bedeutung als Arbeitertribun. Er stellt die Interpretationen und Verarbeitungen der Arbeitersozialbewegung im Denken und Handeln Kniefs als widersprüchlichen und die Arbeiterbewegung okkupierenden Lernprozeß dar. Im Lebensweg Kniefs wird u.a. sichtbar, inwieweit die Arbeiterbewegung dieser Zeit von der Formulierungsfähigkeit und den Interpretationen der meist aus den Zwischenschichten stammenden intellektuellen Wortführer abhängig war.

D. Roßmann untersucht verschiedene Formen kommunistischer Öffentlichkeit im Oldenburger Arbeiterviertel Osternburg zur Zeit der Weimarer Republik mit dem Ziel, die Funktion dieser Öffentlichkeit als Vermittlungsinstanz zwischen der KPD–Politik und lokaler Arbeiterschaft zu bestimmen. Mit dieser Untersuchung wird das vielfach unbeachtet gebliebene Problem der kommunistischen Öffentlichkeit regionalgeschichtlich konkretisiert.

M. van der Linden stellt in seinem Beitrag den Rotterdamer Hafenarbeiterstreik von 1979 dar, wobei er sich bewußt auf eine Verlaufsbeschreibung des Streikgeschehens und auf eine Beschreibung der Lernprozesse beschränkt. Mit einem Streikbeteiligten hat der Autor die vorliegende 'nachträgliche' Beschreibung durchgesprochen. Der Artikel wird so zu einem Versuch des genauen Wahrnehmens von Arbeiterhandeln, ohne der Versuchung nachzugeben, sofort zu interpretieren. Geschichtsschreibung als Bericht.

Spendenaufruf

Im Juni 1974 starb der Arbeiter Günther Routhier 13 Tage nach der Räumung eines Arbeitsgerichtssaales durch die Duisburger Polizei. Er wurde dabei „... von Polizisten die Treppe hinuntergeworfen, wobei er mehrfach mit dem Kopf aufschlug und unten besinnungslos liegenblieb..." – „In Anbetracht der Vorgeschichte, des klinischen Verlaufs und der Untersuchungsergebnisse kann man davon ausgehen, daß der Tod Günther Routhiers mit Sicherheit Folge der erlittenen Verletzungen war." (Dr. Elisabeth Gedeon, die Hausärztin). Das gleiche berichtete u.a. auch G. Routhiers Sohn, der bei dem Vorfall anwesend war. Der Polizei war bekannt, daß Routhier ein Bluter war. – Mord oder Tötung?

Professor Christian Sigrist, Direktor des Instituts für Soziologie der Universität Münser, hatte 1974 zusammen mit drei anderen Professoren ein Flugblatt mitunterzeichnet, in dem die Duisburger Polizei des Mordes an Günther Routhier bezichtigt wird. Deswegen wurde er angeklagt und 1975 zu einer Geldstrafe von 3000 DM verurteilt; wegen Beleidigung der Polizei.

1976 berichtete Sigrist bei einer öffentlichen Podiumsdiskussion in Stockholm über diesen Vorfall: „Ich habe gesagt, daß die Polizei einen kommunistischen Arbeiter getötet hat." Da ruft der damalige NRW-Justizminister Posser, auch Teilnehmer der Veranstaltung, dazwischen: „Ermordet haben Sie gesagt." – Sigrist: „Ja, ermordet, und das stimmt auch, das ist inzwischen auch medizinisch nachgewiesen..."

Deswegen wurde Sigrist 1978 vom Amtsgericht Münster erneut verurteilt, wogegen er Berufung einlegte. Die Berufungsverhandlung begann am 28. April 1980. Sie endete nach drei Verhandlungstagen mit dem Richterspruch, daß die Todesgründe von Günther Routhier neu geklärt werden.

Das bedeuten einen immensen Arbeits-, Zeit- und vor allem einen enormen finanziellen Aufwand. Allein Anwalts- und Gerichtskosten werden zwischen 30.000 und 50.000 DM betragen.

Wir wollen verhindern helfen, daß mit Christian Sigrist ein weiterer fortschrittlicher Wissenschaftler kriminalisiert wird oder seinen Beruf nicht mehr ausüben darf. In diesem Prozeß geht es nicht zuletzt darum, daß Kritik an Staat und staatlichen Stellen, besonders auch an der Polizei, möglich bleibt und nicht, wie es immer häufiger geschieht, als „Verunglimpfung" o.ä. von vornherein unterdrückt wird. Wir denken dabei besonders an die sich häufenden unschuldigen Opfer von Polizeieinsätzen.

Wir bitten Sie hiermit um eine Spende auf das u.a. Konto; im Falle eines Freispruchs wird das Geld nach Abzug der bis dahin für den Prozeß entstandenen Kosten auf den Rechtshilfe-Fonds des „Netzwerk-Selbsthilfe-Münsterland e.V." überwiesen.

Die Unterzeichner garantieren mit ihrer Unterschrift dafür und daß das Geld keine andere Verwendung findet.

Konto-Nr.: 180 000 770 BLZ 400 501 50 bei Stadtsparkasse Münster
„Spendenkonto für Professor Sigrist" zu Händen RA Wolf Lange, Münster

Verantwortlich: Initiative zur Unrerstützung von Prof. Sigrist c/o AStA der Universität Münster, Schloßplatz, 4400 Münster

Inhalt

George Birbeck im Jahre 1825

Kajo Burkard

Zwischen Autonomie und Philanthropie.
Zu den Anfängen der Arbeiterbildung in England

Um die Mitte der 1820er Jahre entstanden in England über 100 sogenannte Mechanics' Institutions, Handwerkerbildungsinstitutionen, die sich sowohl der Initiative bürgerlicher Reformer und Philanthropen als auch den Bildungsbestrebungen der Arbeiter selbst verdankten. [1] Beide Seiten verbanden mit diesen neuartigen Bildungseinrichtungen höchst unterschiedliche Interessen, Zielsetzungen und Erwartungen, die in dem Maße zum Konflikt führen mußten, in dem der Verselbstständigungsprozeß der Arbeiterbewegung gegenüber der gleichzeitigen bürgerlichen Reformbewegung voranschritt. Die bürgerlichen Reformer konzipierten Arbeiterbildung als Instrument sozialer Kontrolle und Modernisierung: mittels Bildung sollten der Traditionalismus der Arbeitskräfte überwunden, die Normen industriell-kapitalistischer Arbeitsorganisation verinnerlicht, aber auch die Entstehung einer selbständigen Bewegung der Arbeiterklasse verhindert werden. Die Arbeiter und Handwerker,die sich in den ökonomischen und politischen Klassenauseinandersetzungen der Identität ihrer Interessen gegenüber denen aller anderen Klassen der Gesellschaft bewußt wurden, verstanden dagegen Bildung (über ihre instrumentelle Funktion hinaus) als Bestandteil und Moment ihres kollektiven Emanzipationsprozesses.

Der Konflikt zwischen den unterschiedlichen Konzeptionen von Arbeiterbildung läßt sich exemplarisch an der Geschichte der London Mechanics' Institution aufzeigen, die als repräsentativ für die Entwicklung der Mechanics' Institution — Bewegung in den 20er und 30er Jahren des 19. Jahrhunderts anzusehen ist. [2] Nach heftigen Auseinandersetzungen, zunächst um Fragen der Organisation und Finanzierung, dann der Inhalte (insbesondere um die Frage der "richtigen" politischen Ökonomie) konnten sich zwar die bürgerlichen Geldgeber in allen entscheidenden Punkten durchsetzen, was den Auszug der radikalen Arbeiter— und Handwerkerintelligenz aus den Mechanics' Institutions zur Folge hatte. Die Idee einer autonomen, von den Arbeitern selbst bestimmten Arbeiterbildung war damit aber keineswegs

gescheitert. Zum einen war die Arbeiterbewegung (sei es als Gewerk-
schafts— und Genossenschaftsbewegung, sei es als Wahlrechtsbewegung)
immer auch Bildungsbewegung (und verstand sich selbst auch so). (3)
Zum anderen gab es unabhängig von den formellen Bildungsaktivitäten
der verschiedenen Organisationen und Institutionen kleine, eher informelle Bildungsgemeinschaften von Arbeitern, die sogenannten
"mutual improvement societies" (oder "mutual instruction societies"),
deren Mitglieder sich — wie der Name sagt — zwecks "gegenseitiger
Vervollkommnung und Unterrichtung" (beispielsweise zur gemeinsamen Lektüre der Schriften Thomas Paines oder Robert Owens, häufiger aber noch zur Aneigung elementarer Kenntnisse und Fertigkeiten)
zusammentaten. (4) Ihr informeller Charakter hat freilich die für den
Historiker der sozialen Bewegung bedauerliche Konsequenz, daß
über sie — anders als im Falle der gut dokumentierten Mechanics'
Institutions — (5) nur wenig (und bisher leider kaum erschlossenes)
Quellenmaterial vorliegt. Auch J.F.C. Harrisons wichtige Studie
"Learning and Living 1790 — 1960", die von allen Arbeiten zur Geschichte der Erwachsenenbildung in England die informellen Bildungsaktivitäten von Arbeitern am ausführlichsten darstellt und würdigt,
hat diesen Mangel nicht grundlegend beheben können. (6)

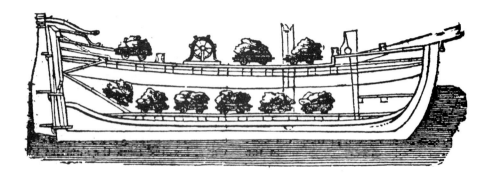

Quantitative Entwicklung der Mechanics' Institutions in Großbritannien 1826 – 1851

	1826	1831	1841	1851
England	76	80	221	487
Wales	1	2	8	25
Schottland	27	19	31	49
Summe	104	101	260	561

Mitgliederzahlen der Mechanics' Institutions (M.I.s)

	unter 200	200 – 500	über 500 Mitglieder
1826	80	17	7 M.I.s
1831	81	16	4 M.I.s
1841	195	55	11 M.I.s
1851	445	87	30 M.I.s

Angaben zusammengestellt nach T. Kelly, George Birbeck, Liverpool 1957, S. 329 f.

1.

In die Mechanics' Institutions gingen zwei voneinander unabhängige Traditionen von Arbeiterbildung ein, die sich beide bis ins 18. Jahrhundert zurückverfolgen lassen: zum einen die Tradition der "mutual improvement societies", die ebenso wie die frühen Gewerkschaften und die mit ihnen verbundenen Friendly Societies der Idee und Praxis kollektiver Selbsthife entsprangen; zum anderen die bürgerlich-philanthropische Tradition der Vermittlung technischer und naturwissenschaftlicher Kenntnisse an einen begrenzten Kreis von Handwerkern. Ein frühes Beispiel für eine Mutual Improvement Society stellt die von dem Londoner Handwerksgesellen Timothy Claxton 1817 ins Leben gerufene "Mechanical Institution" dar, die trotz der verwirrenden

11

Namensähnlichkeit noch keine "Mechanics' Institution" im unten beschriebenen Sinne war, sondern nur ein lockerer Zusammenschluß bildungsbewußter Handwerker zwecks

"gegenseitiger Unterrichtung (mutual instruction) über alle Gegenstände, die mit der Handwerksgeschicklichkeit, den Naturwissenschaften, der Manufaktur und dem Handel im Zusammenhang stehen, vor allem aber über solche Wissensgebiete, die zur Vervollkommnung der mechanischen Künste führen oder führen können." (7)

Claxtons "Mechanical Institution" war keineswegs die einzige ihrer Art in London. Das "Mechanics' Weekly Journal" kritisierte 1823/24 die London Mechanics' Institution mit der Begründung, die schon bestehenden kleinen und lokalen Bildungsvereine seien einer großen und zentralen Bildungsinstitution vorzuziehen. Eine "große Zahl der intelligentesten Handwerker" gehöre bereits "Gesellschaften" an, die "in ihren jeweiligen Stadtvierteln zu ähnlichen Zwecken gegründet worden" seien. (8)

Unmittelbares Vorbild für die Gründer der London Mechanics' Institution waren allerdings nicht diese Arbeiterbildungsvereine mit ihrem Prinzip der "mutual instruction and improvement", sondern eine Institution, die auf die Initiative bürgerlicher Philanthropen zurückging: die "Mechanics' Class" der Glasgower Andersonian Institution, welche dem zweiten ("philanthropischen") Typus früher Arbeiterbildung zuzurechnen ist.

Die Andersonian Institution (heute das "Glasgow Royal Technical College") hat ihren Ursprung in den Bemühungen John Andersons, von 1757 bis 1796 Professor für Naturphilosophie an der Universität Glasgow, den akademischen Lehrbetrieb einem größeren Publikum zugänglich zu machen. (9) An seinen populär gehaltenen Vorlesungen nahmen zahlreiche Handwerker (mechanics) teil, für die George Birkbeck, der spätere langjährige Präsident der London Mechanics' Institution, zwischen 1800 und 1804 eine "Mechanics' Class" organisierte.(10) Birkbeck hat sich anläßlich der Gründungsversammlung der London Mechanics' Institution über die Motive geäußert, die ihn zu diesem Schritt bewogen haben.

"Als ich zu Beginn des Jahrhunderts an der Andersonian Institution in Glasgow die Aufgaben eines Professors für Naturphilosophie und Chemie wahrnahm, hatte ich Gelegenheit, die intelligente Neugier

jener 'ungewaschenen Handwerker' zu beobachten, auf deren hand-
werkliche Geschicklichkeit ich häufig rekurrieren mußte; und insbe-
sondere bei einer Gelegenheit wurde meine Aufmerksamkeit erregt
durch die wißbegierige Haltung einer Gruppe von Arbeitern, die sich
um einen etwas merkwürdigen Mechanismus versammelt hatten, der in
ihrer Werkstatt für mich hergestellt worden war. ... Es drängte sich mir
die Frage auf: Warum werden diese Menschen allein gelassen ohne die
Mittel, jenes Wissen zu erwerben, das sie so sehnsüchtig verlangen, und
warum sind ihnen die Zugänge zur Wissenschaft versperrt, nur weil sie
arm sind? Es war unmöglich, anders zu entscheiden, als daß das Hinder-
nis beseitigt werden sollte; und ich entschloß mich daher, ihnen eine
kostenlose Vorlesungsreihe über die Grundlagen der Philosophie anzu-
bieten. ..."(11)

Birkbecks Ausführungen stehen paradigmatisch für die aufklärerisch-
liberale Gesinnung jener Philanthropen, die die "diffusion of useful
knowledge" unter allen Klassen als wesentliche Bedingung für die
Entfaltung und den Zusammenhalt der bürgerlichen Gesellschaft an-
sahen. (12) Mit den humanitären Motiven verbanden sich in der bürgerlich—liberalen Bildungsreformbewegung freilich auch noch andere,
nicht immer offen ausgesprochene Beweggründe, die vor allem in der
Arbeiterbildung eine bedeutende Rolle spielten.

Ein Teil der Unternehmer versuchte Arbeiterbildung als Instrument
zur Rekrutierung von Facharbeitern und zur Anpassung der Arbeitskräfte an veränderte Qualifikationsanforderungen zu nutzen, die mit
der traditionellen handwerklich—empirischen Berufsausbildung allein
nicht mehr zu bewältigen waren. So gehörten zu den Geldgebern der
London Mechanics' Institution auffallend viele Unternehmer aus dem
Bereich des Maschinenbaus, die "sich mit der Notwendigkeit konfrontiert sahen, Arbeiter aus den traditionellen Handwerken zu re-
krutieren und sie für einen neuen Typus von Arbeit zu trainieren." (13)
Häufig wurde allerdings in den Begründungen für eine naturwissen-
schaftlich—technisch orientierte Arbeiterbildung das Ausmaß der durch
den Industrialisierungsprozeß bewirkten Veränderungen der Arbeitsorganisation und der Qualifikationsanforderungen überschätzt. Die
Anwendung und Entwicklung neuer Maschinen und Produktionsver-
fahren geschah, von Ausnahmen abgesehen, noch weitgehend auf
handwerklich—empirischer, nicht auf wissenschaftlicher Grundlage. (14)
Aus der Perspektive der realen Erfordernisse industrieller Produktion
bestand die Aufgabe von Arbeiterbildung weniger in der Vermittlung
wissenschaftlicher und technischer Qualifiaktionen als in der Zerstörung

der traditionellen sozialen Gewohnheiten und Verhaltensweisen einer halb-bäuerlichen Bevölkerung und ihrer Ersetzung durch adäquatere Verhaltensmuster und Arbeitshaltungen. [15] Bildung hatte den äußeren, "stummen Zwang der Verhältnisse" [16], zu komplementieren durch den auf lange Sicht effektiveren, da verinnerlichten Zwang der Selbstdisziplin.

Gegen diese Funktionalisierung der Arbeiterbildung für die politischen und ökonomischen Interessen des Bürgertums regte sich schon früh der Widerstand der Betroffenen. Im Juli 1823 kam es zur Sezession der "Mechanics' Class" von der Andersonian Institution. Die "mechanics" gründeten ihre "eigene", von ihnen selbst finanzierte und verwaltete Bildungsinstitution, die "Glasgow Mechanics' Institution." [17]

2.

Wenige Monate später riefen John Clinton Robertson und Thomas Hodgskin, der Herausgeber des populärwissenschaftlichen Londoner "Mechanics' Magazine" [18], durch einen Bericht über die Glasgow Mechanics' Institution (in der "Glasgow Free Press") inspiriert, zur Gründung einer London Mechanics' Institution auf. Robertson und Hodgskin waren ihrer Herkunft und sozialen Stellung nach alles andere als Arbeiter. Im Gegensatz zur Mehrheit der bürgerlichen Intelligenz, der sie zweifellos anzurechnen sind, glaubten sie aber nicht mehr an die Fähigkeit des bestehenden Gesellschaftssystems, die Lage der arbeitenden Klassen grundlegend zu verbessern. [19] Bürgerlich-philanthropischen Reformbestrebungen standen sie daher mit großem Mißtrauen gegenüber. Noch weniger konnten sie freilich eine Arbeiterbildung akzeptieren, die inhaltlich und organisatorisch von bürgerlichen Geldgebern und Dozenten kontrolliert wurde. In ihrem Aufruf zur Gründung einer London Mechanics' Institution, den sie am 11.10.1823 in ihrer Zeitschrift veröffentlichten, postulierten sie folglich eine autonome, von den Arbeitern selbst bestimmte Arbeiterbildung, wie sie auch in allen späteren Stellungnahmen der Arbeiterbewegung gefordert wurde. [20] Der folgende umfangreiche Auszug aus dem im wesentlichen von Hodgskin formulierten Aufruf [21] macht zugleich deutlich, daß der hier zugrunde liegende Bildungsbegriff sich nicht prinzipiell von dem des liberalen Bürgertums unterscheidet. Bildung, bisher Privileg der

Mechanic's Magazine,
Museum, Register, Journal, & Gazette.

Nature, a mother, kind alike to all,
Still grants her bliss at labour's earnest call;
With food, as well, the peasant is supplied
On Idra's cliff as Arno's shelvy side ;
And though the rocky-crested summits frown,
These rocks, by custom, turn to beds of down.
Goldsmith.

No. 2.]   SATURDAY, SEPTEMBER 6, 1823.   -[Price 3d

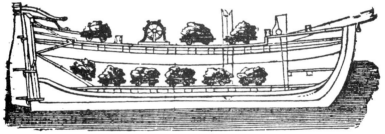

BREAKWATER, PLYMOUTH SOUND.

THERE is no port or harbour on the south-west coast of England possessing so many advantages as Plymouth—none so well situated for assembling and equipping a fleet to watch the movements of the enemy in the harbour of Brest. Its dock-yard may be considered as the first in the kingdom in point of size, convenience, and effective strength. It lies along-side the magnificent harbour of Hamoaze, a noble expanse of water, nearly land-locked, of a capacity sufficient for mooring safely an hundred sail of the line in excellent anchoring ground, and in water that carries its depth to the very quays of the yard. On the opposite or eastern side of the Sound, and at the distance of about three miles ·from Hamoaze and the dock - yard, is another sheet of water called Catwater (see Map, p. 19), not quite so deep, nor so well sheltered as Hamoaze ; but, since the progress made in the Breakwater, forming a safe and commodious harbour for merchant vessels of every description. These two harbours open into Plymouth Sound and Cawsand Bay, in which ships employed in the blockade of Brest, or those refitting on Hamoaze, have been accustomed to

herrschenden Klassen, soll nun auch Besitz der arbeitenden Klassen werden, allerdings nicht als Geschenk wohlmeinender Mäzene, sondern als selbstbewußt in Anspruch genommenes Gut, das den Arbeitern als den aktiven Trägern der Produktion zusteht.

"Wissen, *sagt einer der weisesten Männer, Lord Bacon, ist* **Macht;** *und der erste Schritt der Handwerker (mechanics) dieses großen Reiches, die Macht zu erlangen, um die ihnen angemessene Stellung in der Gesellschaft einnehmen zu können, besteht wahrscheinlich darin, sich Wissen anzueignen. Ungeachtet all dessen, was bisher getan wurde, um die Wohltaten der Bildung zu verbreiten, ist die große Masse unseres Volkes, vergleichsweise gesprochen, in einem Zustand großer Unwissenheit versunken; und dies allein deshalb, weil so viele sich in Armut und Elend befinden. Sogar in den Berufen, die die Handwerker selbst ausüben, haben die meisten von ihnen noch viel zu lernen. Mit den verschiedenen Arten und Weisen manueller Geschicklichkeit sind sie natürlich bestens vertraut; aber von den Prinzipien der Tätigkeiten wissen sie nur wenig oder überhaupt nichts, und sie sind unfähig, herauszufinden, wie sie vereinfacht oder verbessert werden könnten.*

Obwohl führendes Industrieland der Welt, fehlt es England eigenartigerweise an Schulen für die Unterweisung von Menschen in den mechanischen Künsten (mechanical arts.). In Paris gibt es eine berühmte Institution mit dem Namen Conservatoire des Arts et Métiers, an der von Professoren, die von der Regierung ernannt und bezahlt werden, über die meisten mit der Mechanik zusammenhängenden Gegenstände umfassend gelehrt wird. Ähnliche Institutionen existieren, so glauben wir, sowohl in Berlin als auch in Wien. Die britische Regierung war bisher immer so sehr damit beschäftigt, Mittel zur Sicherung ihrer Macht zu ersinnen, daß sie der Unterweisung des Volkes nur geringe Aufmerksamkeit widmen konnte; und wir wünschen auch nicht, daß sie es sollte. Erziehung wird für ein freies Volk immer dann am nützlichsten sein, wenn sie ebenso wie sein Eigentum in seinen eigenen Händen liegt. Wenn die Regierung sich einmischt, richtet sie ihre Bemühungen mehr darauf aus, die Menschen gehorsam und fügsam zu machen als weise und glücklich. Sie strebt danach, die Gedanken zu kontrollieren und selbst die Sinne ihrer Untertanen zu formen; in ihre Hand die Vollmacht zur Erziehung des Volkes zu legen, stellt die größtmögliche Ausdehnung jener verderblichen Praxis dar, die schon so lange der Gesellschaft geschadet hat: nämlich zuzulassen, daß einer oder einige Wenige das Handeln und Verhalten von Millionen be-

stimmen und kontrollieren. Die Menschen sollten lieber auf Erziehung ganz ... verzichten, als sich von ihren Herrschern erziehen zu lassen; denn dann ist Erziehung nur die bloße Gewöhnung des Stiers an das Joch, die bloße Disziplin des Jaghundes, der durch Härte dazu gebracht wird, den stärksten Impuls seiner Natur zu verdrängen und, statt seine Beute zu verzehren, mit ihr zu den Füßen seines Herrn zu hetzen. Das ist der Grund dafür, daß, ungeachtet der zahlreichen prächtigen Institutionen der Volksbildung auf dem europäischen Kontinent, keine individuelle Leistung dort hervorgerufen wird, und daß die nützlichen Künste (arts), die hier weder begünstigt noch kontrolliert werden, bei uns mehr blühen als dort. Das Volk will bloß die Mittel, sich selbst zu bilden, in seinen eigenen Taschen behalten, nicht angetastet vom Steuereinnehmer, und es wird diese Mittel zweifellos besser zu seinem Vorteil verwenden, als sie möglicherweise von Leuten verwandt werden können, die, weil sie zu den oberen Klassen gehören, nur wenig oder überhaupt nichts davon wissen können, was die unteren Klassen brauchen oder was ihnen paßt. Sie wissen in der Tat nur zu gut, was dem gemeinen Volk ansteht, nämlich als Untertanen, als steuerzahlenden Maschinen, nicht aber, was ihm recht ist als Arbeitern und Menschen." (22)

Nach einem zusammenfassenden Bericht über die Glasgow Mechanics' Institution und vergleichbare Einrichtungen in Edinburgh (School of Arts, gegründet 1821) und Liverpool (Mechanics' and Apprentices' Library, gegründet im Sommer 1823) (23) fährt Hodgskin fort:

"Wir wünschen, daß besonders das Beispiel der Handwerker von Glasgow von den Londoner Handwerkern beachtet wird. Wir brennen darauf zu sehen, wie von den Handwerkern der Hauptstadt selbst ein 'Mechanics' Institute' gegründet wird. ... Sein Hauptzweck wird es sein, sie mit den Tatsachen der Chemie, der Mechanik und der Wissenschaft von der Erzeugung und Verteilung des Reichtums vertraut zu machen, deren Kenntnis für sie in diesem Stadium der Gesellschaft wesentlich ist; und das Mittel zur Erreichung dieses Ziels wird darin bestehen, sie in großen Räumen zusammenzubringen, in denen ihnen diese Tatsachen dargestellt und erläutert werden von Leuten, die es sich zu ihrer Lebensaufgabe gemacht haben, sie zu studieren und zu entdecken. Es wird natürlich von den Arbeitern selbst abhängen, ob sie kommen werden oder nicht. Wir aber vertrauen darauf, daß ihr Bedürfnis diese Dinge kennenzulernen, sie dazu veranlassen wird, zu kommen ... und aufmerksam zuzuhören. Keinesfalls schlagen wir jedoch vor, daß sie sich wohlwollenden Individuen wegen deren Geldspenden ... zu Dank

verpflichten sollen. Sie dürfen nicht auf Wohltätigkeit, sondern nur auf sich selbst angewiesen sein. Sie müssen die Kosten des Unterrichts selbst tragen. Wir glauben jedoch, daß dies bei einer geringen Gebühr möglich ist, wenn die Arbeiter die Sache selbst in die Hand nehmen. Ihnen kann versichert werden, daß, wenn sie das nicht tun, wenn sie eine solche Institution nicht zu ihrer eigenen und allein für sie bestimmten Sache machen, sie niemals den Eifer und Enthusiasmus ihr gegenüber empfinden werden, den Menschen für die Dinge haben, die ihnen selbst gehören. Wir sollten in der Tat fast die Hoffnung aufgeben, jemals etwas Gutes aus einer solchen Institution herauskommen zu sehen, wenn sie nicht aus der Arbeiterschaft selbst hervorgeht, von ihr getragen, geleitet und kontrolliert wird. ... Wir sind davon überzeugt, daß sie dies ebenso gut erreichen werden wie die Handwerker von Glasgow, wenn es ihnen gefällt. Alles, was wir zu tun beabsichtigen, ist, ihnen bei der Realisierung zu helfen und als Mittler fungieren, der sie zusammenbringt und dadurch in die Lage versetzt, in vereintem Handeln das zu verwirklichen, was individuell nicht möglich ist. Wir zweifeln nicht daran, daß bei dieser Unternehmung die Arbeiter viel freundliche Unterstützung finden werden, vor allem seitens der Unternehmer; aber da die Institution den Arbeitern zum Vorteil gereichen soll, ist unser jetziger Appell hauptsächlich an sie gerichtet ..." (24)

3.

Die Entwicklung der London Mechanics' Institution verlief von Anfang an anders als von Hodgskin und Robertson erhofft. Sie selbst waren daran allerdings nicht ganz unschuldig. Von der außerordentlich großen Resonanz ihres Aufrufs bei den Londoner Handwerkern und Facharbeitern überrascht und mit schwierigen organisatorischen und finanziellen Problemen konfrontiert, wandten sich Hodgskin und Robertson an Francis Place, einen der führenden bürgerlich–liberalen Politiker der Hauptstadt, der als eine Art Bindeglied zwischen bürgerlicher Reformbewegung und Arbeiterklassenbewegung fungierte. (25) Place, der als Verfechter der politischen Führungsrolle der Mittelklasse im Kampf der "industriellen Klassen" gegen die regierende Grundbesitzeroligarchie jede selbstständige Bewegung der Arbeiterklasse zu verhindern suchte, gelang es, Hodgskin und Robertson – zumindest zeitweise – von ihrem ursprünglichen Postulat absoluter organisatorischer und finanzieller Unabhängigkeit der Arbeiterbildung abzubringen. (26) Robertsons und Hodgskins (möglicherweise nur taktisch gemeintes) Eingehen auf Place' Idee eines öffentlichen Spendenaufrufs hatte fatale Folgen: Einmal in finanzielle Abhängigkeit von bürgerlichen Geldgebern geraten, blieb es nur eine Frage der Zeit, wann die Mechanics' Institution auch ihrer politischen und ideologischen Kontrolle unterworfen sein würde.

Francis Place

Nach zwei privaten Vorbereitungstreffen, an denen neben Robertson und Hodgskin als vorläufigen ehrenamtlichen Sekretären,Birkbeck als Vorsitzendem und Place als "unermüdlichem Organisator", der im Hintergrund die Fäden zog [27], auch Henry Brougham, einer der führenden Politiker der Whig–Opposition im Unterhaus [28], sowie die Maschinenbauindustriellen John Martineau, Bryan Donkin und Alexander Galloway teilnahmen [29], fand bereits am 11. November 1823 die Gründungsversammlung der London Mechanics' Institution statt. Mehr als 2000 Personen, in der Hauptsache Handwerker aber auch "zahlreiche hoch angesehene Maschinenbaumeister, Fabrikanten und Geschäftsleute" hatten sich im großen Saal der "Crown and Anchor Tavern" eingefunden. [30] Die Teilnehmer verabschiedeten neun Resolutionen, in denen das im Gründungsaufruf proklamierte Postulat finanzieller und organisatorischer Unabhängigkeit der Arbeiterbildung zwar prinzipiell bekräftigt wurde[31], faktisch aber unterlaufen wurde mit der Aufforderung an die "Freunde des Wissens und der Vervollkommnung" zu Geld–, Buch– und Sachspenden. [32] Die Resonanz auf den Spendenaufruf war überaus positiv. Es schien, als wolle das gesamte liberale Londoner Establishment um die Gunst der Arbeiter und Handwerker wetteifern. Die im "Mechanics' Magazine" aufgeführten Namen von Spendern[33] ergeben eine mehr oder weniger vollständige Liste der bekannten und einflußreichen Whigs und Radicals (aller Schattierungen) der Hauptstadt. Die wichtigsten Namen seien genannt: der Arzt und Philanthrop George Birbeck, Francis Place, der spätere Lordkanzler Henry Brougham, die radikalen (liberalen) Unterhausabgeordneten für den Wahlkreis Westminster J.C. Hobhouse und Francis Burdett, der Stadtrat und spätere Oberbürgermeister von London John Key, der Philosoph Jeremy Bentham, die Ökonomen James Mill, Colonel Torrens und Thomas Tooke, der Historiker George Grote, der Besitzer der "Morning Chronicle" William Clement, der Herausgeber der "Parliamentary Debates" T.C. Hansard, die Verleger des "Mechanics' Magazine" Knight und Lacey, die Unternehmer Taylor, Donkin, Martineau, der bekannte Parlamentsreformer Major Cartwright, der Fabrikant, Sozialreformer und Philanthrop Robert Owen, der radikale Publizist William Cobbett und schließlich Robertson und Hodgskin selbst. Cobbett, der "unter allgemeinem und lautem Beifall" in der Gründungsversammlung für die strikte Einhaltung des Prinzips der finanziellen und politischen Autonomie der Arbeiterbildung plädiert hatte[34], nahm in seinem "Weekly Register" das Thema wieder auf:

"Ich gab meine fünf Pounds zum Zeichen meiner Wertschätzung für und Verbundenheit mit den **arbeitenden Klassen** *der Gesellschaft und auch*

zum Zeichen meiner Zustimmung zu allem, was zu bestätigen scheint, daß diese Klassen hinsichtlich ihrer Intelligenz denen ebenbürtig sind, die, die Unverschämtheit besitzen, sie als die 'unteren Stände' zu bezeichnen. Aber ich war nicht ohne Furcht und bin auch jetzt noch nicht ohne diese Furcht, daß diese Institution zu Zwecken mißbraucht werden könnte, die **für die Handwerker** (mechanics) *selbst äußerst* **nachteilig** *wären. ... Arbeiter, ich muß euch von Herzen das Beste wünschen; aber ich wünsche euch auch von ganzem Herzen, daß ihr nicht beschwindelt werdet, was sicherlich der Fall sein wird, wenn ihr zulaßt, daß andere als* **wirkliche Arbeiter** *etwas mit der Regelung dessen, was euch betrifft, zu tun haben. ... 'Die Erweiterung des Bewußtseins' ist schön und gut; was aber derzeit wirklich am meisten drängt, ist, ein wenig mehr von dem zu bekommen, was den Leib erweitert: ein wenig mehr Brot, Speck und Bier; und wenn dies sichergestellt ist, mag ein wenig 'Erweiterung des Bewußtseins' durchaus gut bekommen."* (35)

Der erste Konflikt ließ nicht lange auf sich warten. Der von der Gründungsversammlung gewählte provisorische Vorstand war mit der Ausarbeitung einer Satzung beauftragt worden. Dabei kam es zu teilweise erbitterten Auseinandersetzungen zwischen Place und Robertson in der Finanzierungsfrage. (36) Hodgskin und Robertson, die inzwischen die Gefährdung der politischen Unabhängigkeit der künftigen Mechanics' Institution durch den Einfluß bürgerlicher Mäzene und Philanthropen erkannt hatten, konnten sich mit ihrer Forderung, die Kosten des Lehrbetriebs müßten durch die Beiträge der Teilnehmer selbst aufgebracht werden, nicht durchsetzen – die Unterstützung durch das liberale Bürgertum hatte ihre Wirkung auf die Handwerker, die die Mehrheit im Vorstand stellten, nicht verfehlt. Immerhin erreichten Hodgskin und Robertson die Aufnahme einer Bestimmung in die Satzung, derzufolge mindestens zwei Drittel der Vorstandsmitglieder "mechanics" zu sein hatten.(37) Als "mechanic" sollte "jeder angesehen werden, der seinen Lebensunterhalt durch das Werk seiner Hände verdiente", wobei im Zweifelsfalle "Personen, die im Handwerk arbeiten", bei der Zulassung zu Vorlesungen und Kursen bevorzugt werden sollten.(38) Schon bald sollte sich allerdings zeigen, daß die "Zweidrittel"-Klausel selbst dann, wenn sie (was nicht immer der Fall war) (39) strikt eingehalten wurde, die Kontrolle des Instituts durch Nicht–Arbeiter nicht verhindern konnte. Noch war das politische Bewußtsein der Masse der Arbeiter zu wenig entwickelt, um sich erfolgreich dem Führungsanspruch der selbstbewußt agierenden Radikalen der Mittelklasse widersetzen zu können.

Die Londoner Arbeiter zogen aus diesen Erfahrungen praktische Konsequenzen. Als sie sich zwei Jahre später mit der "Trades' Newspaper" ein "eigenes Organ" schufen, legten sie fest, daß die zu ihrer Finanzierung ausgegebenen Aktien nicht von Einzelpersonen, sondern nur kooperativ, d.h. durch die Gewerkschaften selbst erworben werden durften, um eine unmittelbare Einflußnahme bürgerlicher Geldgeber auszuschließen. (40)

THE MANCHESTER MECHANICS' INSTITUTION
Erected in 1825
From the Jubilee Book of the Manchester College of Technology

Hodgskins und Robertsons Konzeption einer durch die Arbeiter selbst bestimmten Arbeiterbildungsinstitution scheiterte weniger am fehlenden Bildungsinteresse der Londoner Handwerker und Facharbeiter oder an unüberwindlichen technisch—organisatorischen Problemen als an der zu diesem Zeitpunkt noch nicht genügend entwickelten und von ihnen überschätzten Bereitschaft und Entschlossenheit der arbeitenden Klassen, "für sich selbst zu denken und zu handeln" (41) und die aus ihrer realen Abhängigkeit und einem Gefühl gesellschaftlicher Inferiorität resultierende Unterwürfigkeit gegenüber der zur herrschenden Klasse aufsteigenden Mittelklasse aufzugeben. Das änderte sich aber schlagartig mit dem großen Aufschwung der Gewerkschaftsbewegung nach der Aufhebung des Koalitionsverbots und den erfolgreichen Lohnkämpfen der Jahre 1824 − 25. (42) Das in den politischen und ökonomischen Kämpfen erwachende Selbstbewußtsein der Arbeiter richtet sich nun notwendigerweise auch gegen den bisher gleichsam als "natürlich" akzeptierten Führungsanspruch der bürgerlichen Radikalen (Liberalen) in der Wahlrechts−, Sozial− und Bildungsreformbewegung. Praktisch äußerte es sich in den Ansätzen zum Aufbau eines "eigenen" Kommunikationssystems, beispielsweise in der Gründung der ersten unabhängigen Gewerkschaftszeitung "Trades' Newspaper", theoretisch in der Entstehung und Verbreitung dezidiert antikapitalistischer Theorien, beispielsweise in der Publikation und Rezeption von Hodgskins "Labour Defended".

4.

Hodgskin hat in seinem Pamphlet "Labour Defendet", dessen Hauptfunktion er selbst in der "Aufweisung einiger Argumente zugunsten der Arbeiter und gegen das Kapital" (43) und in der Kritik der "herrschenden Vorstellungen von der Natur und Nützlichkeit des Kapitals" sah (44), einige grundlegende Einsichten in den Zusammenhang von Klassenkampf, Klassenbewußtsein und Arbeiterbildung formuliert, die eindringlich den bereits um die Mitte der 1820er Jahre erreichten Stand (früh−) sozialistischer Theoriebildung erkennen lassen. Das Klassenbewußtsein der "verschiedenen Klassen von Arbeitern, die im Gegensatz zu allen anderen Klassen, unter welche neben ihnen der Ertrag der Erde verteilt wird, nun (d.h. in den Klassenkämpfen der Jahre 1824 − 25, K.B.) zum erstenmal beginnen, als eine Einheit (as a body) zu denken und zu handeln" (45), wird von ihm bestimmt als das Resultat eines sowohl praktisch als auch theoretisch vermittelten Lernprozesses.

Klassenbewußtsein entsteht demnach zunächst und vor allem "spontan" in den ökonomischen und politischen Klassenauseinandersetzungen, also unabhängig von den wissenschaftlichen Theoriebildungsprozessen der radikalen bürgerlichen Intelligenz. Es kann daher nicht als Ergebnis der Verbreitung und Rezeption theoretischer Gesellschaftskritik gedeutet werden, sondern bildet selbst eine wesentliche Voraussetzung für die Entstehung und Aufnahme antikapitalistischer Theorien. (46) Am Beginn des Bewußtwerdungsprozesses der Arbeiter steht deren Unzufriedenheit mit ihrer ökonomischen und sozialen Situation. Gegen die "Ansprüche des Kapitals" (claims of capital) schließen sich die Arbeiter der einzelnen Branchen zu Koalitionen (combinations) zusammen, die mit dem formal friedlichen Mittel des Streiks höhere, der gestiegenen Arbeitsproduktivität entsprechende Löhne durchzusetzen versuchen. (47) Der Widerstand der Unternehmer gegen die legitimen Forderungen der Arbeiter und die gewaltsame Unterdückung der Arbeiterkoalitionen durch den Staat provozieren auf Seiten der in heterogene Arbeits— und Lebenssituationen aufgesplitterten Arbeiterklasse einen kollektiven Lernprozeß, in dem sich diese der Notwendigkeit branchenübergreifender Solidarität (einer "general union" aller Arbeiter) bewußt wird (48) und die Unausweichlichkeit eines fundamentalen Bruchs mit dem bestehenden politischen und ökonomischen System erkennt.

"Diejenigen, welche sich vor kurzem so bereit gezeigt haben, den gerechten Forderungen der Arbeiter zu widerstehen, welche unter dem Einfluß ihrer Interessen und ihrer Leidenschaften mit ihren Strafgesetzen auf den Kampfplatz eilten, und ihre Pergamentsakten schwingend, auf die Arbeiter eindrangen, als ob sie ... die ganze Menschheit in Geduld und Unterwerfung hineinpeitschen könnten, ... mögen es sich selbst verdanken, wenn ihr Eifer und ihre Gewaltsamkeit eine entsprechende Leidenschaft und Gewaltsamkeit bei anderen auslösen sollte, und wenn die Arbeiter ihre Aufmerksamkeit von der Koalition zur Erreichung höherer Löhne abwenden, um den Staat zu verbessern und ein System zu stürzen, dessen Zweck, wie sie jetzt annehmen müssen, nur der ist, die drückenden Erpressungen des Kapitals zu unterstützen." (49)

Und an anderer Stelle schreibt Hodgskin:

"Das Gewicht der Ketten ist fühlbar, obgleich die Hand, die sie auferlegt, noch nicht deutlich zu erkennen sein mag. In dem Maße aber, als der Widerstand wächst, als die Gesetze zum Schutze des Kapitals vervielfältigt und die Forderungen nach höheren Löhnen immer heftiger und gewalttätiger unterdrückt werden sollten, wird die Ursache dieser Unterdrückung noch deutlicher zutage treten. Der Kampf scheint sich jetzt zwischen Meistern und Gesellen abzuspielen oder zwischen einer Art von Arbeit und einer anderen. Bald wird er jedoch seinen

*wahren Charakter offenbaren und als Krieg des redlichen Fleißes gegen
die ruchlose Müßigkeit anerkannt werden, welche so lange die Ange-
legenheiten der politischen Welt mit unbestrittener Autorität beherrscht,
zu ihrer eigenen Sicherheit den Reichtum mit Ehre und politischer Gewalt umgab und die Armut, die sie dem Arbeiter auferlegte, mit Äch-
tung und Schande verband."* (50)

Entsprechend dieser Einsicht in die Entstehungsbedingungen des "empirischen Klassenbewußtseins" sieht Hodgskin die Hauptfunktion
seiner Ökonomie– und Kapitalismuskritik weniger in der Aufklärung
der Arbeiter über die "wirklichen" Ursachen ihrer Ausbeutung und
Unterdrückung als in der theoretischen Verallgemeinerung der in den
Klassenkämpfen gewonnenen praktischen Erfahrungen und Erkennt-
nisse mit dem Ziel, der herrschenden Ideologie, die den Arbeitern in
Gestalt der Vulgärökonomie entgegentrit, (51) den Anspruch auf uni-
verselle Gültigkeit, "ewige Wahrheit" streitig zu machen. Die Transfor-
mation des "empirischen", durch partikulare und situative Momente
gekennzeichneten Bewußtseins zum "theoretischen", sich auf das
Ganze der gesellschaftlichen Verhältnisse beziehenden Bewußtsein erscheint in Hodgskins Konzeption des Konstitutionsprozesses von
Klassenbewußtsein als die spezifische Leistung von Bildung. Unter
Bildung versteht er folglich nicht so sehr die im Veranstaltungsangebot
der Mechanics' Institutions dominierende Vermittlung und Aneignung
"positiven Wissens" über Natur und Technik als die Anleitung zum
selbstständigen Forschen und Nachdenken und die Einübung in eine
kritisch–rationale Denkweise, die weder vor "Vorurteilen" noch vor
sogenannten "letzten Wahrheiten ... plötzlich halt macht".

*"Die Mechanics' Institutions ... erwecken das Bestreben, allen Dingen
auf den Grund zu gehen und geben die Mittel an die Hand, um in jedem Zweig der Wissenschaft forschend vorzudringen. Das muß ein sehr
blinder Staatsmann sein, der hierin nicht die Anzeichen eines umfassenderen Umschwungs in der Verfassung der Gesellschaft kennt, als ein
solcher je stattgefunden hat. ... Keine Heilige Allianz kann diese
friedliche Revolution niederhalten, durch die das Wissen alles um-
stürzen wird, was nicht in Gerechtigkeit und Wahrheit begründet ist. ...
Um die seltsamen Untersuchungen der Geologen oder die sorgfältigen
Klassifikationen der Botaniker mögen sie (die Arbeiter, K.B.) sich nicht
kümmern. Sicherlich aber werden sie feststellen, warum von allen
Klassen der Gesellschaft nur immer sie allein der Armut und dem Elend
preisgegeben waren. Sie werden vor keiner letzten Wahrheit plötzlich
halt machen. Sie haben zu wenig an den Vorteilen der Gesellschaft*

*teilgenommen, um sich mit der gegenwäritgen Ordnung der Dinge zu-
frieden zu geben. ... Die Arbeiter werden ihre Forderungen weiter-
führen, unbekümmert durch die Pedanterie der Schulgelehrsamkeit
und unbeeinflußt durch Empfindsamkeiten und Gefühlsregungen. Indem sie die Vorurteile abschütteln, in deren Fesseln der Geist jener
liegt, die aus ihrer Erniedrigung Vorteil gezogen haben, haben sie alles
zu hoffen. Andererseits sind sie die unter diesen Vorurteilen Leiden-
den und haben von ihrer Fortdauer alles zu fürchten. Da sie keinen
Grund haben, die Institutionen zu lieben, die den Lohn der Arbeit,
was auch ihr Ertrag sein mag, auf den knappen Lebensunterhalt be-
schränken, so werden sie dieselben nicht schonen, wenn sie die Hohl-
heit der in Rücksicht auf sie gemachten Ansprüche erkennen. In dem
Maße, wie die Arbeiter zur Erkenntnis gelangen, werden sie die Grund-
festen des sozialen Gebäudes aus den Tiefen, in die sie in längst vergangenen Zeiten gelegt wurden, ausgraben. Sie werden sorgfältig behandelt, genau geprüft und nicht wieder eingelassen, wenn sie nicht
ursprünglich auf Gerechtigkeit aufgebaut wurden, und wenn nicht Gerechtigkeit ihre Erhaltung gebietet."* (52)

5.

Als Hodgskin in "Labour Defended" seine Hoffnungen und Befürch-
tungen hinsichtlich der Rolle der Mechanics' Institutions im Klassen-
lernprozeß des Proletariats äußerte, stand die London Mechanics'
Institution freilich bereits mehr oder minder fest unter der Kontrolle
der bürgerlichen Geldgeber und der ihnen folgenden schweigenden
Mehrheit der Mitglieder. Robertson drückte die Meinung zahlreicher
politisch bewußter Arbeiter aus, als er in einem von der "Trades Newspaper" nachgedruckten Kommentar resigniert feststellte:

*"Als das Institut gegründet wurde, rief dies unter den Handwerkern
(mechanics) der Hauptstadt eine allgemeine und starke Begeisterung
hervor, sodaß wir völlig davon überzeugt sind, daß, wenn diese Begeisterung nicht gedämpft und einmal fast ausgelöscht worden wäre
durch Enttäuschung und Entmutigung, die Handwerker selbst alle
die Mittel, die zur Sicherung des glänzendsten Erfolges erforderlich gewesen wären, auf der Grundlage absoluter Unabhängigkeit hätten auf-
bringen können und wollen."* (53)

Hodgskin gab dagegen schon bald nach der offiziellen Eröffnung des Lehrbetriebs durch George Birbeck[54], der von seiner ersten Wahl am 15.12.1823 bis zu seinem Tod (1841) ununterbrochen als Präsident der Mechanics' Institution fungierte, seinen Widerstand gegen die von ihm nicht gewollte und kritisierte Entwicklung auf, was zum Bruch mit Robertson und zu seinem Ausscheiden aus der Redaktion des "Mechanics' Magazine" führte. [55] In den folgenden Jahren finden wir Hodgskin in den Protokollen der Mechanics' Institution als Diskussionsredner auf Mitgliederversammlungen und als Dozent erwähnt. 1826 hielt er vier Vorträge (lectures) über das "Produkt der Arbeit" (politische Ökonomie) [56], 1827 drei Vorträge über die "Physiologie des Bewußtseins", 1828 drei Vorträge über "Sprache" und 1829 vier Vorträge über den "Fortschritt der Gesellschaft" [57]. "Das Institut", schrieb er später einmal an seinen einstigen Mitstreiter Robertson,

"ist nicht gerade ein Mechanics' Institute; es ist nicht ganz das, woran Sie und ich dachten – was Sie und ich wünschten, was wir erhofften, wofür wir kämpften; und doch glaube ich, daß es Gutes bewirken kann, und ich finde nicht, daß es mir ansteht, es zu bekämpfen, bloß weil es nicht nach meiner Vorstellung eingerichtet ist." [58]

Die unterschiedlichen Konsequenzen, die Robertson und Hodgskin aus dem Scheitern ihrer ursprünglichen Pläne zogen, fanden ihre Entsprechung im Verhalten der Handwerker und Arbeiter, die zumindest zu Beginn des Lehrbetriebs die große Mehrheit der Mitglieder und Hörer bildeten. [59] Ein Teil von ihnen verließ bereits 1824 – 25 die Mechanics' Institution, möglicherweise aus Unzufriedenheit mit der Bevormundung durch bürgerliche Philanthropen, sicherlich aber auch wegen des für unvorgebildete Teilnehmer wenig adäquaten Veranstaltungsangebots. Die zahlreichen Vorlesungen über Mechanik, Chemie, Hydrostatik, Gase,Wärme,Elektrizität, Astronomie,Botanik,Akustik, etc. [60] waren nicht Teil eines systematisch geplanten Curriculums, sondern mehr oder weniger zufällige und zusammenhanglose Einzelveranstaltungen ehrenamtlicher Dozenten. [61] Noch gravierender als das planlose Nebeneinander der Vorlesungen war das anfängliche Fehlen von Einführungs- und Grundlagenkursen, der nur schleppend verlaufende Aufbau einer Bibliothek sowie die fast völlige Ausblendung politischer, ökonomischer und philosophisch—weltanschaulicher Themen. [62] Manche der Mängel wurden in den folgenden Jahren behoben. Nach dem Umzug der Mechanics' Institution in das neuerrichtete Gebäude in der Southampton Road standen neben einem großen Hörsaal (lecture theatre) eine Bibliothek, ein Lesesaal, eine Experimentierwerkstatt und eine umfangreiche naturwissenschaftliche Sammlung (mit Mineralien, physikalischen Apparaten etc.) zur Verfügung. (63)

Das Laboratorium der London Mechanics' Institution im Jahre 1828

6.

Der Streit zwischen den bürgerlichen Mäzenen, Dozenten und Direktoren der Mechanics' Institutions und den Verfechtern einer autonomen Arbeiterbildung drehte sich anfangs fast ausschließlich um Fragen der Organisation, Finanzierung und politischen Kontrolle der entstehenden Arbeiterbildungseinrichtungen. Die Bildungsziele und -inhalte schienen dagegen unumstritten zu sein. Man war sich darin einig, daß bevorzugt naturwissenschaftliche und technische Themen zu behandeln seien. Zum inhaltlichen Dissens kam es erst, als darüber zu entscheiden war, welche der miteinander konkurrierenden Konzeptionen politischer Ökonomie in den Lehrplan aufgenommen werden sollte:

die dogmatisierte und apologetisch gewordene orthodoxe Ökonomie, wie sie am wirksamsten durch James Mill und J.R. McCulloch vertreten wurde, oder deren grundsätzliche Kritik, wie sie am prononciertesten von Hodgskin und William Thompson artikuliert worden war.

Im Juni 1825 bot Hodgskin der London Mechanics' Institution eine zwölfteilige Vortragsreihe über politische Ökonomie an. Nach anfänglicher Zustimmung lehnte der Vorstand der "Institution" aufgrund einer Intervention von Francis Place das Angebot ab. (64) Ausschlaggebend für diese Entscheidung dürfte Place' Informationen gewesen sein. Hodgskin habe "über diesen Gegenstand (die politische Ökonomie, K.B.) die seltsamsten Vorstellungen. So vertritt er beispielsweise die These, daß jegliche Regierungsgewalt unheilvoll sein müsse" (65) . Nachdem eine Vorlesung des orthodoxen Ökonomen William Ellis aus Termingründen nicht zustandegekommen war, gab man Hodgskin in der zweiten Hälfte des Jahres 1826 schließlich doch noch die Gelegenheit, seine Einführung in die politische Ökonomie vorzutragen, wenn auch in zeitlich reduzierter (vier statt zwölf Abende) und inhaltlich revidierter Form. (66) Der Wortlaut der Vorlesung ist zwar nicht überliefert, läßt sich aber in Umrissen rekonstruieren dank einiger Hinweise im Vorwort zur "Popular Political Economy", die nach Hodgskins eigenen Angaben die erweiterte und überarbeitete Buchfassung der im Herbst 1826 vor einem "zahlreichen und aufmerksamen Auditorium" gehaltenen Vorträge darstellt. (67) Der Begriff "popular" wird von Hodgskin

" ... nicht in dem Sinne verwendet, daß die schwierigen Erörterungen der politischen Ökonomie unterhaltsamer gemacht und daß ihre abstrakten Lehren um der leichteren Lesbarkeit willen reduziert worden sind, sondern in dem Sinne, daß die hier dargelegten Prinzipien eher mit den Vorurteilen des Volkes (popular prejudices) als mit jenen vereinbar sind, die durch die Schriften des Herrn Malthus zwar allgemein verbreitet, aber noch keineswegs populär gemacht worden sind." (68)

Die vier Vorträge behandelten folgende Themen (in Klammern die ensprechenden Kapitel des Buches):

1. **"Der Einfluß des Wissens"** *(entspricht Teilen der Einleitung: "Gegenstand und Fragestellung der politischen Ökonomie" sowie der Kapitel II: "Einfluß der Beobachtung" (auf die Entwicklung der*

29

Produktivkräfte) und III: "Natürliche Gesetzmäßigkeiten, die den Fortschritt der Gesellschaft und des Wissens regulieren"),

2. **"Teilung der Arbeit"** *(entspricht in etwa den Kapiteln IV: "Einfluß der Arbeitsteilung", V: "Ursachen, die den Anstoß zur Arbeitsteilung geben und ihr Schranken setzen" sowie VI: "Die territoriale Teilung der Arbeit. – Begrenzung der Arbeitsteilung aufgrund der Natur der Beschäftigungen"),*

3. **"Handel"** *(entspricht Kapitel VII.),*

4. **"Geld und Preise"** *(entspricht den gleichlautenden Kapiteln VIII und IX).*

Beim Vergleich der Gliederungen von Vorlesungen und Buchfassungen fällt vor allem das neu hinzugefügte Kapitel X auf, das (neben dem Kapitel über die Preise) die zentralen ökonomie– und kapitalismuskritischen Aussagen der "Popular Political Economy" enthält. In diesem Kapitel, das sich mit den "Auswirkungen der Kapitalakkumulation" (auf der Lage der arbeitenden Klassen) befaßt, nimmt Hodgskin die in "Labour Defended" entfaltete Kritik der These von der "Produktivität des Kapitals" wieder auf (69) und kommt zu dem Schluß, daß

"das Elend, das unser Volk erleidet ... und die Armut, über die wir alle klagen, nicht durch die Natur verursacht sind (wie die malthusianischen Ökonomen behaupten, K.B.), sondern durch gesellschaftliche Institutionen (vor allem durch die "Institution" des "legalen", d.h. durch Gesetze geschützten Eigentums, K.B.), die entweder dem Arbeiter die Ausübung seiner Produktivkraft verweigern oder ihn der Früchte seiner Arbeit berauben" (70).

Es scheint, als habe sich Hodgskin in seiner Vorlesung explizit gesellschaftskritischer Äußerungen unter anderem deswegen enthalten, um seine Arbeitsmöglichkeiten an der Mechanics' Institution nicht zu gefährden. Wenn dem so ist, dann wirft dieser Akt von Selbstzensur ein bezeichnendes Licht auf die realen Machtverhältnisse an der London Mechanics' Institution. Angesichts des überragenden Einflusses bürgerlicher Interessen waren der von Hodgskin geforderten und erhofften kritischen Auseinandersetzung mit dem bestehenden Gesellschaftssystem enge Grenzen gesetzt. Als sich zu Beginn der 30er Jahre die

Der Hörsaal der London Mechanics' Institution im Jahre 1825

ökonomischen und politischen Gegensätze zwischen Mittelklasse und Arbeiterklasse verschärften, nahmen die Mechanics' Institutions

"Zuflucht zu einer offiziellen Politik der Neutralität, und politische und theologische Kontroversen wurden in den Richtlinien praktisch aller Institute ausdrücklich untersagt. Dies wurde aber auch so interpretiert, daß nur unorthodoxe Auffassungen, sei es in Büchern oder sei es in Vorlesungen, ausgeschlossen wurden. Vorlesungen über orthodoxe politische Ökonomie gerieten nicht unter den Bann, der politische Diskussionen ausschloß, da ja die Wahrheiten der politischen Ökonomie nicht für kontrovers oder für einen Gegenstand parteipolitischer Auseinandersetzungen gehalten wurden, wie etwa die Wahlrechtsfrage. Während McCulloch, Ure Harriet Martineau, Mill und Senior in den Bibliotheken vertreten waren, fanden sich in ihnen keine Werke der kooperativen oder Ricardosozialisten, allenfalls ihre 'unpolitischen' Schriften..." (71)

Hodgskins unorthodoxe Vorlesung über politische Ökonomie blieb ein singuläres Ereignis. Danach kamen nur noch Ökonomen zu Wort, an deren uneingeschränkter und unkritischer Unterstützung des kapitalistischen Wirtschaftssystems kein Zweifel bestehen konnte: 1830 und 1831 der Unterhausabgeordnete Wilmot Horton, der Auswanderung und Kolonialisierung als Allheilmittel gegen Massenarmut und Arbeitslosigkeit propagierte (72), 1833 der bereits erwähnte William Ellis (73), 1835 Henry Brougham (74), der neben Charles Knight eine der treibenden Kräfte der "Society for the Diffusion of Useful Knowledge" war (75). Zu dem "nützlichen Wissen", das die Gesellschaft in billigen Broschüren unters Volk zu bringen versuchte, gehörte unter anderem ein Pamphlet mit dem Titel "The Rights of Industry" (76).
Charles Knight, der anonyme Autor des 1831 publizierten Traktats, setzte sich darin mit der zunehmenden Verbreitung antikapitalistischer Theorien auseinander, insbesondere mit Hodgskins "Labour Defended" (77). Knights Kritik erreichte allerdings eher das Gegenteil dessen, was sie bezweckte. Sie lenkte das Interesse der militanten Arbeiter erst recht auf die kritisierten Werke und Autoren. So erklärte beispielsweise auf der Mitgliederversammlung der "National Union of the Working Classes" vom 19.12.1831 ein Redner,

"er habe entdeckt, daß ein Buch, das Vorlesungen von Herrn Hodgskin über politische Ökonomie enthalte, von der erwähnten Gesellschaft (der SDUK, K.B.) verdammt worden sei, und daß dies ein ausreichender

Beweis dafür sei, daß es etwas enthalte, das ihrer Aufmerksamkeit wert sei."(78)

Das Beispiel veranschaulicht einen Mechanismus, der sich auch an der Entwicklung der Mechanics' Institution in den 1830er Jahren beobachten läßt. Die Indienstnahme der Arbeiterbildung für die Propagierung und Indoktrinierung der herrschenden ökonomischen Lehren führte nicht zur ideologischen Identifikationen der Arbeiter mit dem bestehenden ökonomischen und sozialen System, sondern verstärkte den Differenzierungs- und Polarisierungsprozeß zwischen der siegreichen bürgerlichen Reformbewegung (Reform Bill, neues Poor Law) und der sich radikalisierenden Emanzipationsbewegung der Arbeiterklasse. Die klassenbewußten Arbeiter wandten sich von den Mechanics' Institutions ab, um ihre politisch-ideologische Orientierung anderswo zu suchen: bei der"National Union of the Working Classes", bei der owenistischen Genossenschafts- und Gewerkschaftsbewegung, bei der radikalen Arbeiterpresse, wo sie mit der Idee und Praxis einer alternativen, nicht auf Konkurrenz, Ausbeutung und Unterdrückung aufgebauten Gesellschaft vertraut gemacht wurden. (79)

7.

Die zunehmende Abkehr der Mechanics' Institutions von der ursprünglichen Konzeption einer durch die Arbeiter selbst bestimmten und verwalteten Arbeiterbildungsinstitution schlug sich nieder in einer allmählichen Veränderung der Teilnehmerstruktur. Die Handwerker – vor allem aus den eher "aristokratischen Gewerben" (80) – blieben zwar auch in den 1830er Jahren die größte Teilnehmergruppe, dicht gefolgt aber von der wachsenden Gruppe der Büroangestellten (clerks) und kleinen Ladenbesitzer (shopkeepers). Aus der detaillierten Teilnehmerstatistik, die Vizepräsident Toplis 1835 dem "Select Committee on Arts and Manufacture" vorlegte, geht hervor, daß die "mechanics" zu diesem Zeitpunkt nur noch etwa ein Drittel der Mitglieder und Hörer der London Mechanics' Institution stellten. Unter ihnen waren vor allem Setzer, Graveure, Drucker, Zimmermänner, Möbeltischler, Polsterer, Edelsteinschleifer, Silberschmiede, Uhrmacher, Wagenbauer, Schneider und Schuhmacher vertreten, kaum Angehörige von Industrieberufen (Ausnahme: die Maschinenbauer). (81) Die 1834 von einem "ehemaligen Mitglied" in einem Brief an das "Mechanics' Magazine" geäußerte Ansicht, die Mechanics' Institution habe sich zu einem "Clerks' College entwickelt (82), charakterisiert in pointierter Form

eine reale Entwicklungstendenz fast aller Mechanics' Institutions [83],
auch wenn sie der tatsächlichen Teilnehmerstruktur um die Mitte der
1830er Jahre nicht ganz gerecht wird. Für die radikale Londoner Ar-
beiterintelligenz war die Mechanics' Institution zumindest bis zum Beginn der 30er Jahre keineswegs generell eine "verlorene Sache" (E.P.
Thompson) [84].: Zu den Mitgliedern gehörten so bekannte Wortführer
der englischen Arbeiterklassenbewegung wie der Jakobiner John Gale
Jones (einer der Sekretäre der London Corresponding Society) [85],
die Spenceaner Thomas (Vater) und T.J. (Sohn) Evans [86], der Gewerkschafter, Genossenschafter und spätere Chartist William Lovett [87] sowie Henry Hetherington [88]. Hetherington war 1827 im
Vorstand der Mechanics' Institution [89], und William Lovett rief noch
1833 im "Poor Man's Guardian" zum Besuch der Veranstaltungen der
Mechanics' Institution auf. [90] Bis 1828 berichtete die "Trades' Newspaper" relativ ausführlich und im allgemeinen recht wohlwollend über
die Versammlungen und Veranstaltungen sowohl der zentralen Londoner Mechanics' Institution als auch der Institutionen in der "Provinz" und in den Vororten von London. Als sich die Zeitung nach
1828 zum Organ des radikalen Flügels der owenistischen Genossenschaftsbewegung entwickelte, wurden die Berichte über die London
Mechanics' Institution seltener; umso häufiger wurde die "Institution"
nun in ihrer Funktion als Versammlungsort erwähnt. Die "British
Association for the Promotion of Co-operative Knowledge" [91] und
die "Radical Reform Association" [92] veranstalteten im meist über-
füllten Hörsaal der Institution ihre Mitgliederversammlungen. Cobbett
referierte über den "Zustand des Landes im allgemeinen" [93], und
Robert Owen hielt seine Sonntagsvorlesungen. [94] Als die Mechanics'
Institution infolgedessen in den Ruf eines "Hauptquartiers der Cobbet-
tisten, Huntisten und anderer Kirchen– und Staatsdenker der Gegenwart" geriet, wie im "Mechanics' Magazine" zu lesen stand [95], bildete sich in der Mitgliedschaft der Mechanics' Institution eine wachsen-
de Opposition gegen die liberale Raumvergabepraxis des Vorstands.
Auf einer außerordentlichen Mitgliederversammlung am 19. April
1830 fand sich eine Mehrheit für den Antrag der Kritiker, die die
politische und weltanschauliche "Neutralität" der Institution gefährdet
sahen [96], den Hörsaal künftig nicht mehr für "politische oder re-
ligiöse Zwecke" zur Verfügung zu stellen. [97] Der Ausschluß der politischen Gruppen bedeutete den Schlußstrich unter eine Entwicklung,
die bereits im Gründungsprozeß angelegt war und die sich als fortschreitende Tabuisierung gesellschaftskritischer Fragestellungen und
sukzessive Preisgabe der ursprünglichen Intentionen charakterisieren
läßt. Mehr und mehr verlagerte sich in den folgenden Jahren der

Schwerpunkt der Arbeiterbildung auf die Bildungsinstitutionen der Genossenschafts−, Gewerkschafts− und Wahlrechtsbewegung. Das hier vermittelte Wissen sollte, schrieb Bronterre O' Brien, der spätere "Schulmeister" des Chartismus [98], die Arbeiter nicht zu besseren "Dienern und Untertanen" machen, sondern zu "schlechteren Sklaven", die sich mit den bestehenden Verhältnissen nicht zufrieden geben können:

"Einige Einfaltspinsel reden von Wissen, das die arbeitenden Klassen gehorsamer und pflichtbewußter macht − zu besseren Dienern, besseren Untertanen und so weiter, sie also zu unterwürfigen Sklaven macht und förderlicher für den Reichtum und Genuß der Müßiggänger aller Kategorien. Aber solches Wissen ist Blödsinn; das einzige Wissen, das der Arbeiterschaft nützt, ist dasjenige, das sie unzufriedener macht, das sie zu schlechteren Sklaven macht." [99]

(1)   Vgl. dazu insbesondere J.F.C. Harrison, Learning and Living 1790 – 1960. A Study in the History of English Adult Education, London 1961, S. 74 ff. (im folgenden zitiert als Harrison, Learning and Living)

(2)   Zur Geschichte der Mechanics' Institutions vgl. neben Harrisons Studie, deren Schwergewicht auf der Entwicklung in Yorkshire liegt, vor allem die überaus materialreiche Untersuchung von Thomas Kelly, George Birkbeck. Pioneer of Adult Education, Liverpool 1957 (im folgenden zitiert als Kelly, George Birkbeck), die weitgehend die älteren Arbeiten ersetzt: J.W. Hudson, The History of Adult Education, London 1851; George Godard, George Birkbeck, the pioneer of popular education, London 1884; Archibald Edward Dobbs, Education and Social Movements 1700 – 1850, London 1919, Reprint: New York 1969; C. Delisle Burns, A Short History of Birkbeck College, London 1924, W. und F. Horrabin, Working Class Education, London 1924. Vgl. auch Robert Peers, Adult Education. A Comparative Study, London/New York 1958, deutsche Übersetzung unter dem Titel "Die Erwachsenenbildung in England." Stuttgart 1963. Wichtige Hinweise enthält E.P. Thompson. The Making of the English Working Class, London 1963, published with revisions, Harmondsworth 1968 (im folgenden zitiert als Thompson, MEWC)

(3)   Vgl. u.a. Michael Vester, Die Entstehung des Proletariats als Lernprozeß. Die Entstehung antikapitalistischer Theorie und Praxis in England 1792 – 1848, Frankfurt a.M. 1972, S. 133, 173, 283 f., 299 ff. (im folgenden zitiert als Vester, Entstehung); Harrison, Learning and Living, S. 94 ff.

(4)   Siehe dazu insbesondere Thompson, MEWC, S. 816 f., und Harrison, Learning and Living, S. 49 ff.

(5)   An Quellen zur Geschichte der Mechanics' Institutions in den 20er und 30er Jahren des 19. Jahrhunderts stehen zur Verfügung: die Protkokolle, Satzungen und Mitgliederstatistiken der Institutions, von denen vor allem Kelly ausgiebig Gebrauch machte; Zeitschriften, insbesondere die entstehende Arbeiterpresse und technisch–naturwissenschaftliche Magazine wie das in London erscheinende "Mechanics' Magazine"; schließlich zeitgenössische Literatur, wie Autobiographien (so die von William Lovett oder die autobiographischen Notizen von Francis Place) und Broschüren (z.B. Henry Broughams Practical Observations upon the Education of the People von 1825).

(6)   Vgl. Anm. 1

(7)   Zit. n. Kelly, George Birkbeck, S. 69

(8)   ebenda

(9)   a.a.O., S. 21 ff.

(10)   a.a.O., S. 27 ff., 70

(11)   Wortlaut der Rede abgedruckt im "Mechanics' Magazine" (im folgenden zitiert als MM) vom 15.11.1823, S. 179

(12)   Vgl. dazu u.a. Graham Wallas, The Life of Francis Place 1771 – 1854, London 1898, 1918 (im folgenden zitiert als Wallas, Life of Place), S. 93 ff.; Chester–New, The Life of Henry Brougham to 1830, ,Oxford 1961, S. 198 ff., 328 ff., 347 ff., 359 ff.; Kelly, George Birkbeck, S. 146 ff.; Patricia Hollis, The Pauper Press. A Study in Working-class Radicalism of the 1830s, Oxford 1970, S. 3 – 25

(13)   Kelly, George Birkbeck, S. 82 f

(14)   Vgl. David S. Landes, Der entfesselte Prometheus. Technologischer Wandel und industrielle Entwicklung in Westeuropa 1750 bis zur Gegenwart, Köln 1973, S. 106 ff.

(15)   Vgl. Harrison, Learning and Living S. 38 f.

(16)   Karl Marx, Das Kapital, Bd. 1 (MEW, Bd. 23) S. 765

(17)   Vgl. Kelly, George Birkbeck, S. 74 f.

(18)   Zur Zielsetzung des "Mechanics'Magazine" vgl. das Editorial der ersten Nummer (vom 30.8.1823):
       "The Mechanics' Maganzine will comprehend a digested selection from all the periodical publications of the day, both British and Foreign, and from all new works, however costly, of whatever may be more immediately interesting to the British artisan; such as Accounts of all New Discoveries, Inventions, and Improvements, with illustrative Drawings, Explanations of Secret Processes, Economical Receipts, Practical. Applications of Mineralogy and Chemistry; Plans and Suggestions for the Abridgement of Labour; Reports of the State of the Arts in this and other Countries; Memoirs, and occasionally Portraits, of eminent Mechanics, &c. &c.
       The Mechanics' Magazine will contain also a due portion of the lighter matter, which those who toil most, stand most in need of, to relieve and exhilarate their minds – as, Essays on Men and Manners, Tales, Adventures, Anecdotes, Poetry, &c."

(19) Joseph Clinton **Robertson** (1788 — 1852), Journalist und Patentanwalt. Von 1825 bis zu seinem Tode Herausgeber des "Mechanics' Magazine". (Sämtliche Jahrgänge vorhanden im Deutschen Museum in München). Thomas **Hodgskin** (1787 — 1869) gilt als einer der "Vorläufer" der Marxschen Kritik der politischen Ökonomie. Bis 1812 Marine—Offizier. Aufarbeitung seiner Erfahrungen bei der Marine in seinem "Essay on Naval Discipline", London 1813. 1815 — 1818 Europareise im Auftrag der "Philosophic Radicals" um J. Bentham und J. Mill. 1820 "Travels in the North of Germany" (2 Bde.) Von 1823 bis 1846 Redakteur der liberalen "Morning Chronicle", 1846 bis 1857 Mitarbeiter des "Economist". Seine (stark individualistisch geprägte) Ökonomie- und Kapitalismuskritik hat er in drei Werken dargelegt: in dem Pamphlet "Labour Defended against the Claims of Capital", London 1825 (im folgenden zitiert nach der Edition von G.D.H. Cole, London 1922, Reprint: New York 1963/London 1964; deutsche Übersetzung von Karl Koepp im Anhang zu dessen Dissertation "Das Verhältnis der Mehrwerttheorien von Karl Marx und Thomas Hodgskin", Wien 1911, S. 180 ff.); in der "Popular Political Economy", London 1827 (Reprint: New York 1966) sowie in dem eigentumskritischen Werk "The Natural and Artificial Right of Property Contrasted", London 1832 (Reprint: New York 1973). Nach wie vor unentbehrlich ist die Hodgskin—Biographie von Elie Halévy, Paris 1903 (englische Übersetzung von A.J. Taylor, London 1956). Brauchbare Zusammenfassungen der Hodgskinschen Theorie finden sich bei Esther Lowenthal, The Ricardian Socialists, New York 1911 (Reprint: New York 1972); G.D.H. Cole, A History of Socialist Thought, Vol. 1: The Forerunners, 1789 — 1850, London 1955; Vester, Entstehung, S. 243 ff.

(20) Vgl. Patricia Hollis, Class and Conflict in 19th Century England, London 1972, S. 336 f.

(21) Siehe MM vom 16.6.1827, S. 382

(22) MM, 11.10.1823, S. 99 f.

(23) a.a.O., S. 100 f.

(24) a.a.O., S. 101 f.

(25) Vgl. Thompson, MEWC, S. 506 ff., 670 f.

(26) Vgl. Kelly, George Birkbeck, S. 81

(27) Trotz der von Thompson vorgebrachten Einwände erweist sich diese Charakterisierung von Place durch die Webbs (History of British Trade Unionism) und seinen Biographen Graham Wallas zumindest im vorliegenden Fall als durchaus zutreffend.

(28) Zu Broughams Engagement für die Erwachsenenbildung vgl. New, Life of Henry Brougham, S. 328 ff., sowie Broughams Practical Observations upon the Education of the People directed to the Working Classes and their Employers, London 1825, abgedruckt in: ders., Speeches upon Questions relating to Public Rights, Duties and Interest, Vol. 3., Edinburgh 1838

(29) Vgl. Kelly, George Birkbeck, S. 82 f.

(30) MM, 15.11. 1823, S. 177 f.

(31) a.a.O., S. 181: "... that such institutions are likely to be stable and useful when entirely or chiefly supported and managed by mechanics themselves." (Resolution No. 2)

(32) ebenda: "... that the friends of knowledge and improvement be invited to contribute towards the accomplishment of all foresaid purposes by donations of money, books, specimens, and apparatus." (Resolution No. 8, eingebracht von Thomas Hodgskin, vgl. a.a.O., S. 188 f.)

(33) a.a.O., S. 190 f.; vgl. MM, 6.12.1823, S. 228

(34) MM, 15.11.1823, S. 190

(35) Cobbett's Weekly Register, 15.11.1823, S. 436, zit. n. G.D.H. and Margaret Cole (eds.), The Opinions of William Cobbett, London 1944, S. 288 f.

(36) Kelly, a.a.O., S. 87 f.

(37) Vgl. MM, 6.12.1823, S. 229

(38) Kelly, a.a.O., S. 86

(39) Vgl. MM, Bd. 2,1824, S. 436 f.

(40) Vgl. das Editiorial der Trades' Newspaper, No. 1, 17.7.1825, S. 1:
"What the British Mechanics still want, is a Press — a Newspaper of their own — a common organ which may give better effect of their common appeal to the hearts and understandings of men, and which may, under all changes of circumstances, through good and evil report, advocate and uphold the interests of the working classes, as before all others entitled to consideration and protection.
Strongly impressed with these truths, the representatives of the London and Provincial Trades, recently assembled in London, resolved unanimously, to commence the present Paper...
A sufficient joint stock for the purpose has been accordingly raised among

the Trade Societies of Journey, in shares of 5 Pounds each; and a settlement of the Property of the Paper made under such restrictions that the shares can be held by Trade Societies alone."
Bibliographische Notiz: Die Trades' Newspaper (TNP) erschien ab 29.7.1827 unter dem Titel "Trades' Free Press" (TFP und vom 23.8.1828 bis zum 2.4.1831 als "Weekly Free Press", Von dem fast vollständigen Original, das sich im British Museum befindet, hat die British Newspaper Library Mikrofilme angefertigt. Kopien der (drei) Filme befinden sich auch im Besitz der Oldenburger Universitätsbibliothek.

(41) MM, 15.11.1823, S. 177

(42) Vgl. dazu Sidney und Beatrice Webb, Geschichte des britischen Trade Unionismus, Stuttgart 1906, S. 72 ff.; G.D.H. Cole, A Short History of the British Working Class Movement 1789 − 1947, London 1948, S. 58 ff,; Thompson, MEWC, S. 563 ff.

(43) Lab. def., S. 21 f./181

(44) Lab. def., S. 28/185

(45) Lab. def., S. 101/234

(46) Hodgskin hat das so ausgedrückt: "Solange der Arbeiter unter dem Druck der Ansprüche des Kapitals nicht litt, war es zwecklos, ihnen mit Argumenten entgegenzutreten. Nun aber, da die Praxis (der Kapitalisten, K.B.) zum Widerstand reizt, sind wir verpflichtet, ... die Theorie, auf welche sie sich stützt und die sie zu rechtfertigen sucht, umzustürzen." (Lab.def., S. 27/185)

(47) Lab. def., S. 21/181

(48) Vgl. dazu u.a. G.D.H. Cole, Attempts at General Union 1818 − 1834, London 1953

(49) Lab. def., S. 105 f./236 f.

(50) Lab. def., S. 103 f./235 f.

(51) Zum Begriff der "Vulgärökonomie" vgl. Karl Marx, Das Kapital, Bd. 1, S 95 (Fußnote); ders., Theorien über den Mehrwert, Bd. 3 (=MEW, Bd. 26.3), S. 490 ff.; über die Geschichte der politischen Ökonomie nach Ricardo informiert am umfassendsten Marc Blaug. Ricardian Economics, New Haven 1958

(52) Lab. def., S. 100 ff./233 ff.

(53) TNP, 17.7.1825, S. 7

(54) Vgl. MM, 28.2.1824, S. 418 ff.

(55) Vgl. Kelly, a.a.O., S. 97; vgl. MM, Bd 2, S. 410; Hodgskin war keineswegs der kompromißlose Verfechter einer "independant working–class education", zu dem ihn Cole (Einleitung zu seiner Neuausgabe von "Labour Defended", S. 10) und W. und J.F. Horrabin (a.a.O., S. 17 ff.) stilisieren; eine gewisse Neigung zu übervorsichtigem, vielleicht auch opportunistischem Taktieren ist nicht zu übersehen. In seinen Schriften erscheint er allemal viel radikaler als in seinem praktischen Verhalten.

(56) Hodgskin hat diese Vorträge in erweiterter Form als "Popular Political Economy" publiziert. Siehe Abschnitt 6!

(57) Vgl. Kelly, George Birkbeck, S. 116

(58) MM, 28.3.1835, S. 474 ff.

(59) Siehe MM, 1.5.1824, S. 125; vgl. Wallas, Life of Place, S. 112 f.

(60) Vgl. Kelly, George Birkbeck, S. 98 f.

(61) Vgl. MM, 2.12.1826, S. 496

(62) Vgl. TFP, Nr. 113, 9.9.1827, S. 52

(63) Vgl. Kelly, George Birkbeck, S. 100 f.

(64) a.a.O., S. 98 f.

(65) ebenda

(66) a.a.O., S. 116

(67) Pop. Pol. Ec., S. V

(68) Pop. Pol. Ec., S. XIX

(69) Vgl. Pop. Pol. Ec., S. 238 (direkter Hinweis auf das anonyme Pamphlet "Labour Defended")

(70) Pop. Pol. Ec., S. 267 f.

(71) Harrison, Learning and Living, S. 83 f.

(72) Kelly, George Birkbeck, S. 118 f.

(73) a.a.O., S. 129

(74) a.a.O., S. 249

(75) Vgl. New, Life of Brougham, S. 347

(76) Charles Knight, The Working Man's Companion. The Rights of Industry, London 1831, zweite Auflage unter dem Titel Capital and Labour; Including the Results of Machinery", London 1845, deutsche Übersetzung von Th. Roth: Kapital und Arbeit mit Inbegriff der Ergebnisse der Maschinerie, Stuttgart 1847. Zu Knights Wirken vgl. u.a. T.L. Jarman, Charles Knight: an Educational Pioneer, in: Journal of Adult Education, Vol. VI (1932 – 34), S. 167 ff.

(77) Zu der Ende der 1820er Jahre einsetzenden antisozialistischen Literatur und Propaganda vgl. Blaug, Ricardian Economics, S. 144 ff., Ronald L. Meek, The Decline of Ricardian Economics, in: Economica, N.S., XVII (1950), S. 43 ff.

(78) Poor Man's Guardian, (PMG), hrsg. von Henry Hetherington, London 1831 – 1835, Reprint, eingeleitet und herausgegeben von Patricia Hollis, 4 Bde., London 1969, Nr. 28, 24.12.1831, S. 220

(79) Vgl. dazu u.a. Harrison, Learning and Living, S. 94 ff.

(80) Vgl. dazu Eric J. Hobsbawm, The Labour Aristocracy in 19 th Century Britain, in: John Saville (ed.), Democracy and the Labour Movement, London 1954, S. 201 ff., wieder abgedruckt in: Hobsbawm, Labouring Men. Studies in the History of Labour, London 1968 S. 272 ff.

(81) Kelly, George Birkbeck, S. 132 f.

(82) MM, Bd. 21 (1834) S. 386 f. ("The Late London Mechanics' Institution")

(83) Harrison, Learning and Living, S. 65 ff.; Kelly, George Birkbeck, S. 243 ff.

(84) Thompson, MEWC, S. 818

(85) a.a.O., S. 159 ff.

(86) a.a.O., S. 672 f.

(87) Vgl. dessen Autobiographie "The Life and Struggles of William Lovett in

his Pursuit of Bread, Knowledge and Freedom, London 1876, Neudruck mit einem Vorwort von R.H. Tawney, London 1920, Reprint: London 1967, S. 29 f.

(88) Vgl. Hollis, Einleitung zum Poor Man's Guardian, S. VIII

(89) Kelly, George Birkbeck, S. 102

(90) PMG, Nr. 95, 30.3.1833, S. 101 f.

(91) WFP, Nr. 235, 9.1.1830, S. 2; Nr. 236, 16.1.1830 S. 2

(92) WFP, Nr. 220 (26.9.1829), S. 1f.; Nr. 226 (7.11.1829), S. 1; Nr. 233 (26.12.1829), S. 3; Nr. 235 (9.1.1830), S. 1; Nr. 237 (23.1.1830), S.1; Nr. 241 (20.2.1830), S. 1; Nr. 243 (6.3.1830), S. 1

(93) "On the Present Prospects of Merchants, Traders and Farmers, and of the State of the Country in General" Vgl. WFP, Nr. 231, (12.12.1829), S. 1

(94) Vgl. Kelly, George Birkbeck, S. 123

(95) MM, 24.4.1830, S. 122 ff

(96) ebenda

(97) WFP, Nr. 251, 1.5.1830, S. 24

(98) Vgl. Alfred Plummer, Bronterre. A Political Biography of Bronterre O'Brien 1804 – 1864, London 1971

(99) Destructive, 7.6.1834, zit. n. P. Hollis, Class and Conflict, S. 336

Gottfried Mergner

Johannes Knief und seine Region
Teil II

Im ersten Teil des Artikels (Archiv, Heft 1, S. 85 ff.) wurde die Entwicklung und der Lernprozeß Kniefs vom liberalen Lehrer zum SPD-Parteiarbeiter aufgezeigt. Im zweiten Teil geht es um die Entwicklung Kniefs zum Tribun der radikalen Arbeiterbewegung in Bremen. Diese Entwicklung läßt sich allgemein beschreiben: Knief wird mehr und mehr davon abhängig und fähig, seine Wünsche, seine Ideale, seine Konzeptionen, seine Ängste in die Bewegungen der Bremer Arbeiter in abstrakter Form zu projizieren, durch seine Rolle und Funktion eine Identität in der Arbeiterbewegung zu erwerben und seine Erfahrungen als die Prinzipien der Arbeiterbewegung zu verallgemeinern. Dies war ihm möglich, weil sich die radikalen Bremer Arbeiter (wenigstens in den Streikbewegungen 1913 und in der Revolutionszeit 1918/19) mit Knief als dem Interpreten ihres Lern– und Entwicklungsprozesses identifizieren, Kniefs Darlegungen (auf ihre Weise) verstehen und in seiner politischen Interpretationssicht die für sie gültigen Verallgemeinerungen ihrer eigenen Erfahrungen ausmachen. Der Darstellung des weiteren Lebensweges von Knief werden einige Materialien vorangestellt, die über die ökonomische und politische Lage Bremens um die Jahrhundertwende Aufschluß geben sollen; es handelt sich dabei um Materialien, die in dieser Zusammenstellung in der Literatur nicht oder nur verfälscht ausgebreitet sind (1).

Materialien zur ökonomischen und politischen Lage Bremens um die Jahrhundertwende

Erst als Bremen 1888 an das preußische Zollsystem angeschlossen wurde, investierte das Bremer Kaufmannskapital in den Bereichen der industriellen Produktion; es setzte eine Phase der Umstrukturierung des Handelskapitals zum Industriekapital ein. In der Folge ging das produzierende Handwerk und Kleinunternehmertum stark zurück. Eine zentralistische, kapitalintensive Industrieproduktion entwickelte sich schnell: Werftindustrie, Maschinenbau, Automobilindustrie und industrielle Zulieferindustrie wie auch Folgeindustrien, z.B. Bauindustrie. Daneben entwickelte sich ein mittelständischer Distributionsbereich. Von 1875 bis 1907 stieg die Zahl (ohne Verkehrsbetrieb von 2 734 auf 76 423.

Bremen um 1890

Tabelle I

Zusammensetzung der Bremer Bevölkerung 1907

	Verdienende	Abhängige Familienmit-glieder
Industrie und Handwerk	40 656	40 952
Handel und Verkehr	12 234	17 346
Gesamtzahl:	111 388	
Angestellte (gesamt)	49 521	
Höhere Beamte, Akademiker, Selbständige (gesamt)	60 551	
Gesamtzahl:	110 072	
Arbeitslose (gesamt)	22 031	(2)

Das industrielle Wachstum und die damit verbundene Zunahme der Arbeiter fanden u.a. einen politischen Niederschlag im Sieg des Sozialdemokraten Henke bei der Reichstagswahl 1912.

Tabelle II

	Sozialdemokraten	Liberale	Konservative
Reichstagswahl 1907	27 691	29 405	
Reichstagswahl 1912	35 862	27 783	3 397 (3)

47

Die Wandlung des Stadtteils Gröbelingen vom Dorf zur Arbeitersiedlung zeichnet sich auch in einer Einrichtung wie der eines Pfandhauses ab (um 1914)

Wahlberechtigt bei der Reichstagswahl waren die männlichen Bürger Bremens, die über Wohnsitz und Einkommen verfügten. (Für die Bremer Bürgerschaftswahl selbst galt ein nach Stand und Einkommen gestaffeltes 8–Klassenwahlrecht.) Da mit 74 449 Personen (1912) nur ein kleiner Teil der Bremer Bevölkerung wahlberechtigt war, lassen sich für den proletarischen Bereich nur schwer Rückschlüsse vom Wahlverhalten auf das aktivierbare politische Widerstandspotenital, auf die politischen Aktivitäten ziehen. Ich vermute, daß gerade auch die Teile des Proletariats, die von der Wahl ausgeschlossen waren (neu hinzugezogene Arbeiter, Jugendliche, Frauen), aktive Teile der Arbeiterbewegung waren. Auch die Organisationsgeschichte der Sozialdemokratie läßt nur die oberste und meist überschätzte Ebene der Klassenbewegung dieser Zeit erkennen; wieweit die Organisationsgeschichte selbst R e a k t i o n auf Klassenbewegungen war, läßt sich nur sehen, wenn wir Klassenkultur, Widerstandsgeschichte und Kommunikationsprozesse des Proletariats mit untersuchen.

Ein Hinweis, wie der liberale Staat Bremen selbst die Bedeutung des proletarischen Widerstandes einschätzte, läßt sich aus der Relation der Ausgaben für Schule und Unterricht und für die Polizei finden: 1913 gab der Bremer Senat für das gesamte Unterrichtswesen (Volksschule, Realschule, Gewerbeschule,Lehrerseminar, Erwachsenenbildungseinrichtungen etc.) 5.879.351 RM aus, für die Polizei aber 7.869.745 RM. (Wobei noch eine beträchtliche Summe dazugerechnet werden muß, die für Amtshilfe vom Reich erstattet wurde.) Für die Armenpflege und das Jugendamt wurden 1913 1.684.440 RM ausgegeben.

Der größte Ausgabeposten des Bremer Staates aber hieß: Finanzen. Dahinter versteckten sich die Investitionen des Staates für Infrastrukturmaßnahmen und Firmenzuwendungen. Sie betrugen 1913: 16.715.957 RM (4).

Dem wachsenden Interessengegensatz zwischen arbeitender Bevölkerung und Kapitalinteressen versuchte der Bremer Staat durch eine gezielte Politik der Unterstützung des Produktionszuwachses in der Großindustrie zu begegnen. Dabei griff er mit wachsenden sozialen Spannungen zu den Mitteln der Disziplinierung und Militarisierung des Ausbildungs- und Verwaltungsbereiches, zur polizeilichen Kontrolle der Sozialbewegung und zu einer starken finanziellen Unterstützung der investitionswilligen Industrie durch Infrastrukturmaßnahmen und Kapitalstützung.

England war im modernen Schiffsbau Mitte des vorigen Jahrhunderts führend. 1851 gab es bereits eine im eigenen Land produzierte Dampferflotte von insgesamt 106 000 RT. In Deutschland gab es zu dieser Zeit noch keinen einzigen selbstproduzierten Seedampfer.

In den folgenden Jahren entwickelten sich zuerst auf preußischen Gebieten, dann in Hamburg und zuletzt in Bremen moderne Großwerften, die in der Lage waren, konkurrenzfähige Eisendampfer herzustellen. Vorher hatte sich mit der Trennung von Außenhandelsfirmen und Reedereien eine wichtige Voraussetzung für die Entwicklung der welthandelsorientierten Reedereibetriebe hergestellt. Der Norddeutsche Lloyd wuchs in kurzer Zeit zu einem mächtigen und kapitalkräftigen Unternehmen an, das u.a. auch von den durch Bremen fließenden Auswanderungsströmen (vor allem in die USA) profitierte.

Tabelle III

Jahr	Überseeische Auswanderer über Bremen	
1900	95 961	
1913	239 564	
1917	45 793	(5)

Diese Auswanderer, die oft ihr letztes Vermögen in die Überfahrt anlegten, waren das Ergebnis der späten und krisenhaften industriellen Entwicklung in Deutschland und in den Balkanländern. Wegen der kürzeren und damit geldsparenden Überfahrt zogen die Auswanderer die Dampfschiffe den Seglern vor. Für Segelschiffe war außerdem die Durchfahrt durch den 1869 eröffneten Suezkanal verboten. Doch die wichtigste Bedingung für den Siegeszug der Dampfer war, daß sie allen Fahrpläne pünktlich einhalten konnten und mit einer geringeren Besatzung auskamen.
Wegen der fortschrittlichen Technologie und der billigeren Produktion kaufte der Norddeutsche Lloyd seine Schiffe meist bis um 1900 in England. Dazu kam noch, daß das USA–Kapital nach den Sezessionskriegen 1865 sein Kapital im Landesinnern anlegte und seine Handelsflotte billig veräußerte.
In den 60er Jahren stammten 30 % aller Bremer Schiffe aus den USA.

50

Damit ging der veraltete Schiffahrtsbau in Bremen und Umgebung noch von 1820 bis 1880 stark zurück.

Tabelle IV

Jahr	Anzahl der beschäftigten Werftarbeiter in Vegesack	
1830	800	
1868	224	
1871	38	(6)

1872 wurde die AG—Weser in Bremen aus dem Zusammenschluß einiger kleinerer Werften mit dem Kapital Bremer Kaufleute gegründet. 1893 wird die Bremer Vulkan Schiffsbau— und Maschinenfabrik AG gegründet. Die Bremer Vulkan wird ebenfalls von kapitalkräftigen Bremer Kaufleuten finanziert und ab 1896 auf technologisch höchstem Niveau ausgebaut. Gleichzeitig stieg allgemein die Bedeutung deutscher Werften durch drei Bedingungen:

Erstens kaufte die ab 1871 entstehende deutsche Kriegsmarine nun hauptsächlich von deutschen, und vor allem von den preußischen Werften. Zweitens unterstützte das Reich den Norddeutschen Lloyd und andere Schiffahrtslinien bei der Einrichtung von Postdampferlinien z.b. in Ostasien und in Australien, mit der Auflage, ihre dazu benötigten Schiffe bei deutschen Werften zu kaufen. Drittens förderten die Teilstaaten wie z.b. Bremen — nach abgeschlossener deutscher Zolleinigung — über Kredite und industriebezogene Infrastrukturmaßnahmen den Aufbau der Großindustrie im allgemeinen und den Schiffsbau im besonderen. (Z.B. grub der Bremer Staat eine Fahrrinne in die Weser, so daß 1892 Hochseeschiffe bis nach Bremen fahren bzw. dort gebaut werden konnten). Zur gleichen Zeit wird darüberhinaus mit Hilfe Bremer Kapitals der Fischfang großindustriell reorganisiert (Gründung der Fischfanggesellschaft 'Nordsee' 1896).

Die Kunden der Bremer Werften sind — und das ist für die Einstellung der Bremer Arbeiter zur Imperialismusfrage wichtig — bis 1914 die deutschen Großreedereien, die Fischereiindustrie und als Abnehmer von Maschinen anderer Werften. Die Militäraufträge gehen erst nach 1914 im größeren Maße nach Bremen. Die Großanlagen der Bremer

Vom Holzschiff zum Eisendampfer

Vulkan und der AG—Weser ermöglichen von Anfang an rationalisierte Produktion auf dem damals höchsten technischen Niveau und wurden damit gegenüber den englischen Werften konkurrenzfähig.

Tabelle V

Wachstum der Bremer Vulkan

Jahr	Anzahl der Arbeiter	
1893	60	
1896	850	
1899	1 400	
1902	3 000	(7)

1898 wurde der 'Postdampfervertrag' zwischen dem Reich und dem Norddeutschen Lloyd verlängert und um die Auflage erweitert,nun selbst bei den für den Schiffsbau verwendeten Materialien deutsche Produkte zu verwenden.Für drei Jahre nun erklärten sich Lloyd(Bremen) und Hapag(Hamburg)bereit,bei allen Neubauten,die den deutschen Werften übertragen wurden, zur Stützung der deutschen Industrie, das zum Schiffsbau erforderliche Stahlmaterial aus deutschen Walzwerken mit 5 RM pro Tonne zu stützen. Dies wurde mit ein entscheidender Grund für den Aufschwung der deutschen Stahlindustrie. (Bei Militäraufträgen und beim Eisenbahnbau wurde ähnliches praktiziert). Durch den Konkurrenzkampf mit England wurden die deutschen Passagier— und Frachtschiffe stets größer. Fast ununterbrochen mußten in den zwei Jahrzehnten vor dem ersten Weltkrieg die Häfen und Schleusen entweder in Bremerhaven oder in Bremen erweitert werden. Dazu kam der Ausbau der Eisenbahn. Das Arbeitstempo auf den Werften wurde dabei immer höher und kontrollierter. Der Verdienst war relativ gut. Wegen der steigenden Kosten für Rohmaterialien und durch die sich verschärfende Konkurrenz waren Profite nur über "vorzügliche Einrichtungen" und "schnelles und vorteilhaftes Arbeiten" (8) zu erreichen. Der Arbeitsdruck, anhaltender Konjunkturanstieg (mit Ausnahme der Krise 1907 — 1909), die Teuerungen und die schlechten Lebensbedingungen in Bremen bildeten die Basis für den Widerstand der Werftarbeiter ab 1910.

Um gegenüber dem Ausland noch konkurrenzfähiger zu werden, gab es 1898 und in der Krise 1906/07 und 1914 Fusionsverhandlungen zwischen allen großen deutschen Werften, die zwar scheiterten, aber zu gemeinsamen Absprachen gegen die Arbeiter, gegen die Weltmarktkonkurrenten und gegenüber den Staatsrepräsentanten führten. So bürgerte sich z.b. in der Krise von 1909 und im Aufschwung danach die Praxis der Unternehmer ein, auf Streiks mit koordinierten Aussperrungen zu antworten. Die Krise 1907 – die in den USA ausgebrochen war – traf die Bremer Schiffsindustrie – wegen der starken Abhängigkeit der Großreedereien vom USA–Markt – besonders schwer: Bei der Vulkan z.b. sank die Zahl der Arbeiter von 2 400 (1907) auf 800 (1909). Doch dann folgte ein stetiger Produktionsanstieg bis 1920 (1911 3 000 Arbeiter bei Vulkan). Durch die ständige an Rationalisierung orientierte Veränderung der Technologie wurden die Facharbeiter von Dequalifizierung bedroht, und es sank ihre zahlenmäßige Bedeutung. Die Gewerkschaften waren traditionell hauptsächlich auf die Facharbeiterbelange orientiert, die ihre Mitgliederbasis vor dem 1. Weltkrieg bildete [9].

Erst nach dem Krieg schafften die großen Gewerkschaften den Übergang zu Massengewerkschaften, wobei sich jedoch einige wichtige Umstrukturierungsprozesse schon vor dem Kriege anbahnten. Einmal verhandelten ab 1910 gewerkschaftliche Spitzenfunktionäre des Metallarbeiterverbandes mit Spitzenfunktionären der Unternehmerverbände der Werftindustrien im Streikfall. Zum anderen griff der Staat über Schlichtungsstellen, Vermittlungen, Polizeimaßnahmen und Sozialgesetzmaßnahmen in die Arbeitskämpfe ein.

1910 waren von den nicht ganz tausend Bremer Lehrern etwa 40 Lehrer Anhänger oder Sympathisanten der sozialdemokratischen Partei (5,5 %) 130 Mitglieder des Lehrervereins hatten auf der gut besuchten Mitgliederversammlung 1908 dafür gestimmt, in der Sozialdemokratischen Partei einen Bündnispartner für den Kulturkampf zu sehen [10].

Der weiteren Radikalisierung Kniefs und einiger seiner Freunde vom 'BERG' innerhalb der sozialdemokratischen Partei folgten nicht einmal 10 Lehrer. Quantitativ war das Ergebnis unbedeutend. Doch der im Schulkampf sich entfaltende Lernprozeß Johannes Kniefs und seiner Freunde vom 'BERG' kreuzte sich in der Wahlrechtskampagne mit der radikalen Entwicklung der Bremer Arbeiterbewegung.

Es finden sich Beobachtungen dieses Prozesses(neben den relativ seltenen Selbstdarstellungen)in den niedergelegten Aufzeichnungen des 'Auges des Gesetzes', die im Bremer Staatsarchiv aufbewahrt sind. Die Bremer Polizei versuchte spätestens seit der Endphase der Sozialistengesetze (etwa 1885), die sozialdemokratischen Parteiversammlungen bzw. die als Kulturveranstaltungen getarnten sozialdemokratischen Veranstaltungen mit prominenten Rednern wie auch alle öffentlichen Protestversammlungen zu beobachten.

Bei größeren Ereignissen, wie Massenaufmärschen, verbotenen Demonstrationen und stark besuchten Großveranstaltungen, gab es an allen neuralgischen Punkten zivile Polizeispitzel, die sowohl Redeinhalte wie Stimmungen und Bewegungen ins Polizeipräsidium telefonierten. So finden sich in den Akten der Polizei u.a. eine Zusammenfassung der Rede Rosa Luxemburgs bei der Versammlung vom 3.4.1910. Es befinden sich dort z.B. Mitteilungen über die Stimmung und Bewegungen der Demonstrationszüge bei den Wahlrechtsdemonstrationen vom 10.4. 1910 und Berichte über die verbotenen "Spaziergangsdemonstrationen". Regelmäßig findet sich das Eingeständnis dieser Polizeispitzel, daß durch das Eingreifen der uniformierten Polizei Unruhen und Ausschreitungen provoziert worden seien. Von der militärischen Disziplin der Demonstranten und ihrer "gefährlichen" Strategie des Sich−Nicht−Provozieren−Lassens ist die Rede. Der Stil der Veranstaltungen ist damit in etwa zu rekonstruieren. Es gab nach 1905 folgende Formen der politischen Organisation und des Kampfes in Bremen:

a) Schulungszirkel für Partei− und Gewerkschaftsfunktionäre.

b) Ordentliche und außerordentliche Mitgliederversammlungen der sozialdemokratischen Partei und der mit ihr sympathisierenden Vereine.

c) Beratungen und Gewerkschaftskartelle z.B. zur Streikplanung bzw. Durchführung.

Diese Formen waren in sich organisatorisch geschlossen. Vor allem waren die Gewerkschaftszirkel polizeilich schwer kontrollierbar und über ganz Bremen in den Stadtteilen, Fabriken oder den Gewerbeeinrichtungen verstreut. Die organisatorische Trennung von Partei und Gewerkschaft setzte sich mit der Radikalisierung der Partei ab 1910 mehr und mehr in Bremen durch. Der Gewerkschaftsapparat kapselte sich von der Partei ab.

Die folgenden Bewegungsformen waren tendenziell offen und kontrollierbar.

d) Die Wahlkampagnen.

e) Veranstaltungen zu besonderen Themen mit bekannten Rednern, z.B. die Internationale Frauenkonferenz in Bremen von 1904, auf der Resolutionen und Thesen zu Bildungsfragen verabschiedet wurden. Oder die Massenveranstaltungen zur Wahlrechtsfrage, der Massenprotest gegen die Entlassung Holzmeiers und gegen die Schulrepression.

f) Die legalen und illegalen Umzüge, Demonstrationen und Straßenauseinandersetzungen.

Diese Aktionen wurden fast ausschließlich von der linken Parteileitung in Bremen organisiert und im Ablauf bestimmt. Sie wurden polizeilich, aber auch von der bürgerlichen Presse, genau beobachtet. Sie wurden hierarchisch und zentral gelenkt. Außer den illegalen "Spaziergangsdemonstrationen", mit denen nach 1910 immer wieder Demonstrationsverbote unterlaufen wurden, hatten die öffentlichen Aufmärsche der sozialdemokratischen Arbeiterbewegung in Bremen den Charakter von militärischen Übungen.

Um 1910 drückte sich die politische Manifestation in den zentral organisierten, dezentral ablaufenden Demonstrationszügen durch die Stadt aus, die von vier, fünf oder sechs verschiedenen Versammlungsorten ausgingen, auf denen gleichzeitig prominente Redner sprachen. Am koordinierten Ende dieser Versammlungen zogen die Versammlungsteilnehmer in der Form eines sich zusammenziehenden Sternes zum Rathaus, um dort regelmäßig von der Polizei aufgelöst zu werden. Der politisierte Teil der Werftarbeiter der AG—Weser bildete zu dieser Zeit seinen eigenen Block und bestimmte den entschlossenen Charakter dieser Demonstrationen.

g) Für die Bremer Linke wurden die zentralen und die immer wichtiger werdenden Aktions— und Bewegungsformen der Arbeiter die Streiks. Aus der folgenden Übersicht der Streikbewegungen in Bremen von 1906 bis 1914 wird ersichtlich, daß die Streikbewegungen in Bremen immer stärker von den Werftbetrieben und anderen Großbetrieben bestimmt wurden. Die politisch radikalste Form des Streiks aber fand im Infrastrukturbereich des Staates statt: Bei den stadtstaatlichen Straßenbahnarbeitern im Jahre 1910.

In den Jahren 1910 – 1913 häufen sich die Streikaktionen und vermischen sich mit politischen Kampagnen, z.b. gegen die Teuerung, für Strukturverbesserungen im Sozial- und Reproduktionsbereich und gegen kriegsabhängige Produktion. 1913 erreichte der Widerspruch zwischen zentraler Gewerkschaftsleitung und Basisbewegung einen auf beiden Seiten verbittert ausgekämpften Höhepunkt.
Aber auch die Unternehmer trieben die Bremer Arbeitskämpfe ab 1910 über ihre regionale Bezogenheit hinaus. Einer kampfbereiten Arbeiterschaft begegnete mit Aussperrung, Produktionsverlagerung und Einsatz von Streikbrechern ein kapitalkonzentriertes, nationales und in Ansätzen internationales Unternehmertum.

Streikbewegungen in Bremen von 1906 bis 1914

1906	**Juni:**	Streik der Klempnergesellen (Dauer: 6. – 27.6). Es wird mit einer Lohnerhöhung abgeschlossen.
1907	**März:**	Entlassung von ca. 4 000 Arbeitern der AG Weser infolge des Streiks von 190 Schmieden. Die Schmiede standen in ihrem Streik im Gegensatz zu ihrem gewerkschaftlichen Zentralverband.
	30. März:	Streik der Gärtnergehilfen.
	30. März:	Infolge des Arbeitskonfliktes kündigte die Norddeutsche Maschinen-und Armaturenfabrik ihren 1 500 Arbeitern. Am 3.4. kündigt aus demselben Anlaß die Firma J. Frerechs & Co. AG (Osterholz Scharmbeck). Die Bremer Vulkan kündigt Aussperrungen an, wenn der Streik der Schmiede bei der Weser AG nicht beendet wird.

	11. April:	Die Schmiede geben nach und beenden ohne Ergebnis ihren Streik, um die Ausweitungen der Unternehmeraussperrungen zu vermeiden.
	4. April:	Die Bäckergesellen treten in den Streik.
	24. April:	Plötzlich ausbrechende Streikbewegung der Seeleute in Hamburg, die sich nach Bremen ausbreitet. Beendigung des Streiks am 13. Juli ohne Ergebnis.
	12. Juli:	Streik der Jutespinnereiarbeiter (Beendigung am 26. ohne Erfolg).
1908	28. März:	Aussperrung der Arbeiter auf den Weserwerften infolge eines Streiks der Howald–Werke in Kiel. Sie dauert bis 10. April.
	19. Dez.:	Aussperrung der dem Küperverband angehörenden Küper und Aussperrung von 600 Tischlergesellen wegen Lohnstreitigkeiten.
1909	6. Jan.:	Wird diese Aussperrung durch ein Bremer Schiedsgericht aufgehoben.
	Januar:	Von Vertretern der verschiedenen betroffenen Arbeiterverbände wird eine Zentral–Werftkommission für die Seeschiffahrtswerften der Nord– und Ostsee mit dem Sitz Hamburg gebildet, die verhindern soll, daß, wie beim Nieterstreik auf der Vulkanwerft in Stettin, durch eine kleine Anzahl Arbeiter Tausende in die Gefahr der Aussperrung gebracht werden. Es handelt sich hier um einen Versuch der Gewerkschaftsspitze, die wilden Streiks in den Werften in den Griff zu bekommen.
	3. Sept.:	Streik der Arbeiter (100) in der Petroleumraffinerie ehem. Aug. Korff wegen Lohner-

höhung. Endigt im Nov. ohne Erfolg für die Arbeiter.

1910 **12.Aug.:** Infolge des Werftarbeiterstreiks in Hamburg wurden von den Unternehmen die Weserwerften geschlossen. Aussichtsreiche Lohnerhöhungsverhandlungen der Bremer Staatsarbeiter. Streik in den Bremer Staatsbetrieben (erfolgreicher Abschluß 25.Aug.).

14. Sept.: Der Streik der Werftarbeiter wird durch die Gewerkschaftsleitung aufgehoben. Durch wilde Streiks erfolgt die Aufnahme der Arbeit statt am 14. erst am 20. Oktober.

August: Die Hafenarbeiter Bremens treten in einen Sympathiestreik für die streikenden Hafenarbeiter in Brake. (Aufhebung durch Verhandlungserfolg am 12.10.)

15. Okt.: Beginn des Streiks der Straßenbahnangestellten.

17. – 19. Okt.: Es kommt in der Innenstadt zu heftigen Auseinandersetzungen der meist sozialdemokratischen Sympathisanten der Straßenbahnangestellten, der Angehörigen und der Angestellten mit der Polizei. Während dieser Auseinandersetzungen wollen die Demonstranten auf die anwachsenden Teuerungen vor allem des Fleisches und des Tabakes aufmerksam machen.
Der Streik wird am **26.10.1910** nach langwierigen Verhandlungen beendet. Am 28. verkündet der Norddeutsche Lloyd auf Anfrage der gewerkschaftsähnlichen Unterstützungsvereinigungen der Maschinenoffiziere, der Heizer und Matrosen, die Erhöhung der Löhne zum **1.1.1911** mit ausdrücklichem Hinweis auf die anwachsende Teuerung.

1911 13. März:	Streik der Bremer Tischler. Tarifverhandlungen werden in BERLIN zu Ende gebracht!!!
9. – 12. Mai:	Erneuter erfolgloser Streik der Bremer Straßenbahnangestellten. Der Betrieb wird mit Hilfe von Streikbrechern notdürftig aufrechterhalten.
7. Juni:	Die Schlachtergesellen lehnen in einer einberufenen Versammlung die Einmischung der Sozialdemokratie in Gesellenangelegenheiten der Fleischer Bremens in geheimer Abstimmung mit 216 gegen 26 Stimmen ab. Darauf erklären sozialdemokratisch orientierte Arbeiter den Boykott Bremer Fleschereigeschäfte.
24. Juni:	Streik und Aussperrung in der Jutespinnerei 'Bremen' (Dauer bis zum 28. Dez.)
2. – 12. Okt.:	Streik im Brauereigewerbe. Unterstützung durch Boykottkampagne und Straßendemonstrationen der Bremer Sozialdemokratie. Erfolgreicher Abschluß.
26. Okt.:	Gewährung einer Teuerungszulage für Bremer Staatsbedienstete bei Gehältern unter 4 000 RM (i.J.) nach Streikandrohung.
28. Okt.:	Tabakarbeiter in Bremen und Hemelingen treten in einen Sympathiestreik für ihre Kollegen in Westfalen und Lippe.
1. Nov.:	Teuerungszulage für die Bremer Straßenbahnangestellten ohne Streik.
1. Nov.:	Die Zigarren– und Tabakfabrikanten Bremens beschließen sämtlichen organisierten Arbeitern bis zum 18.11. zu kündigen, falls die Streikenden nicht bis zum 3.11. die Ar-

beit wieder aufnehmen. Beendigung des
Streiks durch Einigung am 12.1.1912.

1. – 6. Nov.: Streik der Heizungsmonteure. Nach einem
Schiedsspruch des Einigungsamtes Eini-
gung.

1912   6. März: Streik und Aussperrung der Schneidergesel-
len.

11. Mai: .Protest des Verbandes Bremischer Beamte
gegen die neuen Beamtengehälter.

24. Sept.: Streik der Arbeiter und Arbeiterinnen der
Bremer Schokoladenfabrik Hachez & Co.

November: Sprunghafter Anstieg der Auswanderungs-
quoten über die Bremer Häfen. Zur gleichen Zeit, Versuch des Senats durch billige
Fleischimporte die Fleischpreise zu senken.
Verstärktes Bemühen des Bremer Senats,
nur Bremer Firmen für Bremer Belange zu
beauftragen.

1913   Mai – Juli: Einführung des 9 Stunden–Tages in den
Häfen und am Weser–Bahnhof und für
Teile der Arbeiter in Bremer Staatsbetrie-
ben.

Juli: Erdarbeiterstreik und der am 26. Juli be-
gonnene Streik der Ladungsarbeiter beim
Norddeutschen Lloyd.

22. Juli: Streik der Bremer Werftarbeiter.

7. Aug.: Nach 18wöchiger Dauer wird der Streik der
Klempnergesellen beendet.

8. Aug.: Auf einer außerordentlichen Generalver-
sammlung des deutschen Metallarbeiterverbandes in Berlin wird mit 126 gegen 18
Stimmen der Abbruch des Lohnkampfes

der Werftarbeiter verlangt und ihr Vorgehen mißbilligt.

14. Aug.: Die Bremer Werftarbeiter beschließen wie ihre Hamburger Kollegen die Wiederaufnahme der Arbeit. Jedoch die Holzarbeiter schließen sich diesem Beschluß n i c h t an, worauf der Arbeiterverband für das Unterwesergebiet die totale Aussperrung anordnet.

4. Sept.: Die Holzarbeiter geben nach. Die Arbeit auf den Werften wird am 5. Sept. allgemein wieder aufgenommen.

1. Sept.: Durch Verhandlungseinigung wird ein Streik der Fuhrleute verhindert.

24. Okt.: Nachdem 250 Nieter und Bohrer der Tecklenborgischen Werft (Bremerhaven) spontan ihre Arbeit niedergelegt haben, werden die restlichen 1 500 Arbeiter ausgesperrt. Am 30.10. wird der Streik ergebnislos abgebrochen.

1914 Juli: Durch Zugeständnisse von Unternehmerseite wird eine Ausweitung des Streiks der Stauerarbeiter verhindert. Dies war vorläufig der letzte Streik in Bremen während der ersten Kriegsjahre.
(Daten nach Wania, Chronik, s. Anm. (1))

Die Arbeiterbewegungen während des Krieges werden sowohl von Gewerkschaftsseite wie von staatlicher Seite und − gezwungenermaßen − auch von Parteiseite nicht mehr veröffentlicht. Die vollziehende staatliche Gewalt wird durch das stellvertretende Generalkommando des IX. Armeekorps in Bremen übernommen, das ab 1915 auf eine strenge Unterdrückung aller Nachrichten von Unruhen, Bewegungen und sozialen Verhältnissen der arbeitenden Bevölkerung achtet.

Vom Sozialdemokraten zum Arbeitertribun

Knief kam als ein im Staatsdienst gescheiterter Lehrer in die Sozialdemokratie und wurde von ihr als willkommener Mittler von bürger-
licher Kultur und Arbeiterbildungsbedürfnis integriert. Ihn und andere Intellektuelle beschäftigte die Partei in ihrem Zeitschriften– und Bildungswesen und vertraute ihnen den Aufbau eines
parteiorientierten Bildungsapparates an, der ihr durch die Trennung
von freien bürgerlichen und proletarischen Bildungsinstitutionen
(1905) notwendig schien. Knief kam über den Kulturteil zur Mitarbeit an der sozialdemokratischen BREMER BÜRGERZEITUNG, die
schon in dieser Zeit langsam ein links–sozialdemokratisches Profil
erworben hatte. Seine Konzert– und Theaterbesprechungen dieser
Zeit sind getragen von dem pädagogischen Willen, die besten und
geeignetsten Kulturgüter vergangener Zeiten dem Proletariat nahe
zu bringen. (Selbst noch die radikale, 1916 gegen die von den Mehrheitssozialdemokraten okkupierte BREMER BÜRGERZEITUNG ge-
gründete ARBEITERPOLITIK druckte während des Krieges neben
relativ abstrakten Abhandlungen zur Begründung der oppositionellen
Politik Gedichte u.a. von Chamisso, C.F. Meyer, Weber, eine Ab-
handlung über Ehe und Liebe von J. Knief und 'goldene Worte' von
Marx und Engels ab.)

Knief bewährt sich schnell in der sozialdemokratischen Partei und bekommt ab 1912 auch parteipolitische Aufgaben.
Der Parteilinke Henke bewarb sich Anfang 1911 für die Kandidatur
für das Reichtstagsmandat Bremen–Bremerhaven (s.o.) gegen einen
Kandidaten des Reformflügels (Schmalfeldt, einem populären Wirt
aus Bremerhaven). Durch die Unterstützung und den Einsatz von
Knief, der in ihm eine neue Identifikationsfigur sieht, aber auch durch
andere 'junge' Kräfte in der Partei, bekommt Henke mit knapper Mehrheit das Mandat zur Kandidatur und wird schließlich 1912 in den
Reichstag gewählt. Als seinen Stellvertreter in der BREMER BÜR-
GERZEITUNG bestellt Henke Knief – nun vor allem für den poli-
tischen Bereich der Zeitung. Damit hat Knief eine einflußreiche Position in Bremen, die durch Pannekoek (Holland) ab 1910 und Radek
(Polen) ab 1911 unterstützt wird. Das Ausmaß der von diesen Linken
geleisteten Arbeit zeigt – am Beispiel der Schulungsarbeit – ein Brief
Pannekoeks an den Bremer Parteisekretär Pieck, der auch zu den Par-
teilinken gehörte: Pannekoek wendet sich gegen den Plan des Bremer
Bildungsausschusses, ihm 250 Vortragsabende für 1910 anzulasten.
Er wolle auch Zeit für Jugendarbeit, Arbeitszeit für Vorträge außer-

halb Bremens und für Forschungsarbeiten in Berlin haben. Daher schlage er selbst 140 – 150 Abende vor (12) .

Knief selbst hält im Winterhalbjahr 1912/13 nur 12 Vorträge; er konzentriert sich in dieser Zeit mehr auf die Partei– und Redaktionsarbeit (13) . Der Übergang vom Bildungsarbeiter zum Zirkelleiter ging in Stufen vor sich. Die Bremer Linke in der sozialdemokratischen Parteiführung (Pieck, Henke, Knief) und die von ihnen herbeigerufenen Bildungsarbeiter (Radek, Pannekoek) bildeten erst in den Streikkonflikten zwischen 1910 und 1913 ihre politischen Perspektiven und ihre Differenzen mit anderen Fraktionierungen der Sozialdemokratie aus.

Die selbstbestimmten Streiks, in denen sie sich gegen die eigene Gewerkschaftsführung und in Ansätzen gegen die Unternehmer durchsetzen konnten, die konfliktträchtige Situation in der vom schnellen Aufbau geprägten Bremer Großindustrie, die Erfahrung der Bedeutung koordinierter Absprachen mit den Arbeitern an anderen Orten stützten das Selbstbewußtsein der Werftarbeiter und bedrohten die gewohnte Konfliktvermeidungtaktik der Gewerkschaftsspitze und des Parteizentrums der Sozialdemokratie. Diese begegneten daher den selbstbewußten Aktivitäten der Arbeiter in den modernen Großbetrieben (Metall, Werften etc.) mit Mißtrauen und Unbehagen. Die Parteilinke, die sich in der spezifischen politischen Situation Bremens in die lokale Parteiführung integrieren konnte, orientierte sich durch diese radikalen ökonomischen Basisbewegungen von der ideologisch–kulturellen politischen Oberfläche weg auf die direkt von den Produktionsbedingungen abhängigen Bewußtseins– und Aktionsprozesse der produktiven Arbeiter.

Die zentralen Verhandlungen zur Beilegung der Streikbewegung durch die Gewerkschaftsführung des Deutschen Metallarbeiterverbandes 1910 (wie auch dann 1913) stießen auf einen überraschend starken und selbständigen Widerstand bei den Arbeitern in den Werften. Selbst die Arbeiterfrauen, die zuvor oft als Saboteure von Streikbewegungen verwendet werden konnten, standen diesmal voll hinter dem Streik. Auf Teilaussperrungen antworteten die Werftarbeiter mit Solidaritätsstreiks. Den streikenden Arbeitern gelang es auch das erste Mal im größeren Ausmaße die Organisationsgrenzen der einzelnen Berufsverbände zu überwinden. Dies war für Streiks in den Werften von besonderer Bedeutung, da die berufsständische Zersplitterung von den Gewerkschaften und den Unternehmern bislang zur Isolation von "Konfliktherden" und zur Repression ausgenutzt wurde. Es gelang vor allem den Hamburger

Werftarbeitern, Kontakte zu den Kollegen in Bremen herzustellen und Aktionen abzusprechen. Besonders wichtig war auch, daß nach dem dreiwöchigen Streik im August 1910 beschlossen wurde, auch den solidarisch gebliebenen nicht–organisierten Arbeitern Streikunterstützung zu zahlen (14).

Hilfsaktionen von Arbeitern aus ganz Deutschland ermöglichten diesen wichtigen Schritt zur Aufhebung der Trennung zwischen den in Gewerkschaften organisierten, qualifizierten Arbeitern und den meist unorganisierten Massenarbeitern.

Am 23.August 1910 begannen die Gewerkschaftsführer in zentralen Geheimverhandlungen mit den Unternehmern mit der Liquidation dieses bedeutenden Massenstreiks. Diese führten dann am 14.10.1910 zu dem Kompromiß von Hamburg und zu der Aufforderung, den Streik sofort abzubrechen.

Erbittert hatten sich in Bremen die Arbeiter gegen diesen Kompromiß zur Wehr gesetzt. Von 1748 Streikenden stimmten 1177 in Bremen gegen die Annahme der Vereinbarungen. Die DEUTSCHE METALL-ARBEITER–ZEITUNG meldete dies unter dem Begriff "Krawalle" ohne weitere Informationen. Die "Krawalle" seien von "politischen Wirrköpfen" verursacht worden (15).

Einer der gewerkschaftlichen Scharfmacher war Adolph von Elm: Er bezeichnete die örtlichen Führer der Streikbewegung als Anarcho-syndikalisten, die Masse als launenhaft, unberechenbar und unfähig, wichtige Entscheidungen zu treffen. Wenn es Konflikte zwischen Massen und Führern gäbe, wären die Massen immer im Unrecht, stets würde sich die unwissende Masse gegen die Vernunft ihrer Führer auflehnen (16).

1913 wiederholten sich die Vorgänge in verschärfter Form. Waren die Kontakte der Parteilinken um Pannekoek und Knief zu den Arbeitern 1910 noch zufällig, selten und über die zufällige Bekanntschaft mit lokalen Gewerkschaftsführern vermittelt, bestand ihre Unterstützungsarbeit 1910 dann in dem Kampf um die Etablierung der Kritik an der Gewerkschaftsbürokratie in der sozialdemokratischen Presse, so gelang es ihnen erst bei dem großen Streik 1913, in die Streikbewegung selbst sich zu integrieren.

Pannekoek und Knief hielten 1913 auf zahlreichen Streikversammlungen Reden, organisierten die materielle Hilfsbewegung der Partei für die Streikenden und konnten über die Streikbewegung hinaus in mehreren Schulungszirkeln Kontakte vor allem mit jüngeren Arbeitern herstellen. Dabei kam es ihnen vor allem darauf an, den Arbeitern den Zusammenhang zwischen imperialistischer Rüstungs— und Kriegsvorbereitung und der Disziplinierung der Arbeiter — gerade in der Werftindustrie — aufzuzeigen.

Beschränkte sich 1910 der Kontakt zu den streikenden Arbeitern noch auf die überkommenen sozialdemokratischen Instrumentarien, wie Arbeiterschulung, Zeitungswesen, Parteiversammlungen, so bekam die Schulungsarbeit ab 1913 und danach — verstärkt durch die Kritik an der Partei— und Gewerkschaftshierarchie — subversiven Charakter. Man koordinierte und besprach sich in kleinen — als Schulungsabende ettikettierten — Zirkeln und entwickelte dort Strategien und theoretische Begründungen gegen Gegner in der Partei und in den Gewerkschaften. Begünstigt wurde die sich entwickelnde Zirkelarbeit der Linksradikalen in Bremen durch folgende regionale Komponenten:

— Einmal war das Bremen dieser Zeit eine Stadt mit großen Zuzugsraten unter den Arbeitern. Diese fühlten sich in der neuen Region schwer 'heimisch'. Vor allem die jugendlichen Arbeiter fanden ihre Identifikation und eine gewisse Ersatzheimat in den 'proletarischen' Organisationen, in denen dann starke Identifikationsfiguren wie Knief politischen Einfluß auf sie ausüben konnten.

— Bremen ist eine Hafenstadt. Es gab eine ständige Anzahl von Gelegenheitsarbeitern, die sich aus den proletarischen Auswanderern rekrutierten, die vor der Abfahrt ihr Reisegeld verdienen wollten. Sie brachten oft politische und organisatorische Erfahrungen mit.

— Auch kamen in Bremen ständig Matrosen, Rückwanderer und Durchreisende an — unter ihnen eine Anzahl 'Politischer', die in den 'Zirkeln' Erfahrungen und Informationen aus dem nationalen und internationalen Bereich einbrachten.

— Die Partei in Bremen war mitgliederstark und dadurch relativ vermögend (1914: 15 268 Mitglieder). Dadurch hatte der linke Parteivorstand einige Handlungsfreiheit und wurde auf Reichsebene anerkannt, was wiederum seine Bedeutung in Bremen hob.

— Den lernenden Arbeitern wurde durch ihre Erfahrungen im Hafen die Bedeutung nationaler und internationaler Kapitalverflechtung vor Augen geführt.

Bei direkten Unterstützungen der streikenden Arbeiter und im ständigen Kontakt mit ihren syndikalistischen Kampf–und Bewegungsformen, gerieten Knief, Pannekoek u.a. Parteilinke als offizielle Parteifunktionäre in den Widerspruch zwischen den praktischen Möglichkeiten des Parteiapparates auf der einen Seiten und den Erwartungen und Identifikationszwängen der in Bewegung geratenen Arbeitern auf der anderen Seite. Dieser Widerspruch führte beiPannekoek – dem neuen väterlichen Bezugspunkt für Knief [17] – zu einem ziemlich genau feststellbaren Bruch in seinem theoretischen Verständnis der "Massenbewegungen".

A. Pannekoek hat in seiner Schrift 'Taktische Differenzen in der Arbeiterbewegung' schon 1909 den gewerkschaftlichen 'Revisionismus' kritisiert. Aber in überkommener Weise sieht er die Lösung des Gewerkschaftsproblems in der Übernahme der politischen Führung durch die sozialdemokratische Partei. Und er sieht in der Aufklärung der Massen über die Prinzipien der gesellschaftlichen Entwicklung die Lösung des proletarischen Emanzipationsproblems.
In seiner Auseinandersetzung 1910/11 mit dem Gewerkschaftsführer Adolph von Elm ändert Pannekoek in einem entscheidenden Punkt seine Position.
Kritisiert er noch in den 'Taktische Differenzen' die direkte Aktion der Arbeiter als Unmittelbargläubigkeit [18] , so heißt es 1912: "Die Massen haben einen Teil ihrer Energie, ihrer revolutionären Willenskraft der organisierten Gesamtheit, der Partei gleichsam übertragen, nicht damit er verloren geht, sondern damit die Partei ihn als ihren Gesamtwillen bestätigt." [19]
Hier bahnt sich die Umkehrung des Verhältnisses von Avantgarde und Basis an: Die Massen, die i h r e n Willen auf die Partei übertragen, können die Partei an dem Grad der von ihr geleisteten Umsetzung messen.

In seiner "Korrespondenz", die er an verschiedene sozialdemokratische Zeitungen zum Kauf und damit zum Nachdruck anbot, schreibt Pannekoek: "Wenn die Arbeiter sehen würden, daß die Beamten eines Gebietes mit ihnen wären, im Denken und Fühlen völlig mit ihnen übereinstimmten, so würden sie viel mehr unbesehen und vertrauensvoll ihrer Führung folgen. Stattdessen sehen die Arbeiter, wie die Mehrzahl dieser Beamten sich in den Grundanschauungen von ihnen entfernt; wie sie sich an Politiker anlehnen, die auf ein Entgegenkommen an die bürgerliche Welt hinarbeiten; wie die Vorstände die Beamten ausbilden lassen von Personen, die sich durch ihren bürgerlichen Standpunkt in der Partei unmöglich machten; wie sie sich gegen die Theorie und gegen die theoretische Durchbildung, die die Arbeiter als Quelle der Kraft erkennen, gleichgültig, skeptisch oder gar feindlich verhalten. Die Masse der im Kampf voranstehenden Arbeiter ist revolutionär, will möglichst scharf den Kampf gegen die bürgerliche Gesellschaft führen, die Mehrzahl der Gewerkschaftsbeamten ist revisionistisch gesinnt; das ist der tiefste Grund des Mißtrauens". (20)

Nicht die Wissenschaftlichkeit kontrolliert mehr das syndikalistisch beschränkte Bewußtsein der Basis, sondern die Wissenschaftlichkeit muß sich daran messen lassen, inwieweit sie sensibel und aufnahmebereit für die Aktionen und Wünsche der Basis ist.
Eine solche Position geriet in Zeiten der Massenbewegungen (bis 1913) in euphorische Überschätzung der revolutionären Sprengkraft der Arbeiteraktionen. In Phasen, in denen die Arbeiterbewegung durch die anscheinende Übermacht der Verhältnisse überdeckt schien, führte diese Position zu tiefen Identifikationskrisen und zur Resignation (ab 1914), zumal die politische Tätigkeit der Bremer Partei—Linken noch weitgehend durch die sozialdemokratische Parteikultur und den Kautsky— Marxismus geprägt war.

Die Bremer Parteilinke vernachlässigte in ihrer Fixierung auf die ökonomisch bedingten direkten Aktionen der Arbeiter in den Bremer Großwerften die tagtäglichen Lebensprobleme und Bewußtseinsformen, die Erfahrungen und die Kultur der Arbeiter und ihrer Angehörigen im Wohn— und Reproduktionsbereich, wie sie auch die Arbeiter der Kleinbetriebe, das Kleinbürgertum und die ideologische Beeinflussung des Alltags vernachlässigte. Sie setzte ihre politische Hoffnung auf die eruptiven direkten Aktionen, die sich aus Arbeits— und Lohnkonflikten entwickelten, und reduzierte ihre Theorien und politischen Konzeptionen auf diese äußersten Konflikte.
Für diese lebte und arbeitete sie, an ihnen entwickelte sie ihre neue politische Identifikation, auf sie hin abstrahierte sie ihre eigenen Erfahrungen und die Erfahrungen der Arbeiter. Sie formte diese zu einer allgemeinen und moralisch reduzierten Theorie der Revolution um. Der Verlust des Kontaktes mit der politischen Wirklichkeit und mit dem realen Leben 'ihrer' Arbeiter war somit angelegt.

Mit dem Kriegsausbruch wird die politische Aktivität Kniefs unterbrochen. Er wird schon am 2. August in das Bremer Infantrieregiment 75 eingezogen, nach einer kurzen Grundausbildung zum Vizefeldwebel

befördert und in Flandern und an der Somme im September 1914 an der Front eingesetzt.
Nach einer Befehlsverweigerung – er sollte Partisanen erschießen – läßt ihn ein 'verständnisvoller' Major in eine Nervenklinik in Bremen überweisen. Zwar wird er im Oktober wieder an die Front geschickt, kurze Zeit danach aber wieder wegen eines Nervenzusammenbruchs nach Bremen in die Nervenklinik zurücküberwiesen. (22a).

Im April 1915 wird er endgültig aus dem Militärdienst entlassen. Er erholt sich in der Nähe Bremens auf dem Lande, schreibt vier Aufsätze unter dem Pseudonym Alfred Nußbaum (u.a. zur Jugendfrage) (21) für die Zeitschrift LICHTSTRAHLEN (Hg. Julian Borchardt) in Berlin, um im Oktober 1915 wieder in die Redaktion der BREMER BÜRGERZEITUNG eintreten zu können. Die abstrakte Identifikation mit der spontanen radikalen und gewerkschaftsoppositionellen Arbeiterbewegung bis 1914 führt nach dem Kriegsausbruch – als von diesen Bewegungen nicht mehr viel sichtbar war – neben den eigenen Kriegserlebnissen und einer Ehekrise (s.u.) zur persönlichen Krise.
Da er sich weder in die konkrete Erfahrungswelt der Arbeiter noch in ihre Aktionen dauerhaft integrieren konnte, war er auf den ständigen Zufluß konkreter, bestätigender Erfahrungen (in der oben beschriebenen Art) zur Aufrechterhaltung seiner neugefundenen politischen Identität angewiesen.
Seine Abstraktionen bedurften der ständigen Bestätigung durch die Aktion 'seiner' Arbeiter um fortbestehen zu können.

Auch in Bremen war die Linke ab 1914 durch Repression der Militärdiktatur und durch die Burgfriedenspolitik auf sich selbst und wenige Anhängerkreise reduziert. Sie reagierte mit Zirkelgründungen, Fraktionierungen und Resignation. Diese Resignation steigerte sich bei Knief bis zu Selbstmordgedanken. Obwohl mit ihm in harte politische Auseinandersetzungen verwickelt, schreibt Knief auf dem Höhepunkt seiner Krise (1915) an Henke einen Brief. Er solle jetzt bald aus der Nervenheilanstalt entlassen werden, da es ihm besser gehe. Er mache sich Sorgen um seinen Arbeitsvertrag mit der Bremer Parteiorganisation, wenn er jetzt zurückkäme. Dann geht der Brief ins Persönliche. Ihn – Knief – habe die Angst in der letzten Zeit vor Selbstmord bewahrt.

Die Erfahrung, daß die Massen für den Krieg seien, habe ihn zur Frage nach dem Sinn seines politischen Lebens geführt. Die ganze Zeit, von Kriegsbeginn an, habe er über den Widerspruch zwischen dem objek-

tiven proletarischen Interesse und der Kriegsbereitschaft nachgedacht.
"... und es ist nichts dabei herausgekommen, als es in der Zukunft keine
andere Lösung gibt, als den selbstgewählten Tod". Wenn die Massen
begreifen würden, daß dieser Krieg nicht ihr Krieg sei, hätten wir die
soziale Revolution. Ihm bleibe nur der moralische Maßstab, daß "ein
Sozialdemokrat die größte Sünde bezahlt, wenn er seinen Klassenin-
teressen untreu wird. (...) Es ist nicht meine Schuld, wenn ich diese
Schuld nicht mitbezahlen kann. Aber Sie fragen: Es sind doch viele,
die in ihrem Kopf und in ihrem Herzen ihrer Sache treu geblieben sind,
die nur deshalb mitgehen, weil sie alleine zu wenige sind, den Dingen
eine andere Wendung zu geben. Gewiß: Das heißt aber nicht nur, daß
der Anfang zu diesen zukünftigen notwendigen Massenaktionen von
kleinen, zu kleinen Gruppen ausgehen kann. Wie die Dinge liegen, hal-
te ich den Verlauf der Entwicklung sogar für wahrscheinlich."

Aber es könnte auch sein, daß die proletarische Massenbewegung für
den Einzelnen zu spät zur Freiheit führt. Damit könne für den Einzelnen ein tragischer Konflikt entstehen, der nur durch den Tod zu lösen
sei. "Der Wille zum Tod zeigt die innere Freiheit ..." Denn: "Die todes-
mutige Tat der Massen wäre eine Angriffsaktion von größter Weite. Der
selbstgewählte Tod des Einzelnen wäre allerdings ein Verteidigungsakt,
der aber den politischen Wunsch erfüllt, wenn die Massen erst von der
Überzeugung durchdrungen sind, die den Einzelnen in den Tod ge-
trieben hat." (22)

Die Identifikationskrise Kniefs erhellt über regionale und persönliche
Bedingungen hinaus die Krise der sich aus der marxistischen Sozialdemokratie entwickelnden Linksradikalität: Einmal sind diese Intellektuellen (nur um einige Namen zu nennen: Pannekoek, K. Liebknecht,
O. Rühle) durch ihre Erfahrungen in den Massenstreikbewegungen bis
1913 offen für ein neues, weniger borniertes Verhältnis zur Basis. Zum
anderen aber kommen sie persönlich mit der Leidensfähigkeit des Proletariats, mit dem Stillstand und Abflauen der Bewegung vor dem 'Entscheidungs'-Kampf persönlich und theoretisch schwer zurecht. Sie
isolieren sich in den sie tragenden Organisationen immer wieder durch
die Schärfe ihrer Kritik, der Überzogenheit ihrer Erwartungen und An-
forderungen. Doch wir verdanken ihnen auch eine theoretisch differen-
zierte und sich weiterentwickelnde Wahrnehmung der Arbeitersozialbewegung dieser Zeit.

Kämpferische Radikalität und resignativer Pessimismus prägen Knief
während der Kriegszeit, bis er sich als unumstrittener Führer der links-

radikalen Splitterbewegung eine neue stabile Identität schaffte. Intensive persönliche Beziehungen unterhält er bis 1916 nur zu politisch aktiven Mitgliedern der Bremer sozialistischen Jugend, d.h. zum Teil, der sich am illegalen Widerstand gegen die Kriegspropaganda und gegen die von den Militärbehörden überwachte Zensur beteiligt. In kleinen Zirkeln treffen sich diese Jugendlichen (23) der 'Jungen Garde', diskutieren mit Henke, Knief und Eildermann über Themen wie: "Gibt es nach der sozialistischen Revolution noch Nationalitäten?" "Krieg und Imperialismus". (24) oder: "Die politische Erziehung der Jugend und ihr Verhältnis zur Partei". (25) (Kniefs Erziehungskonzept ist: Jugenderziehung durch die politische Tat.) Es wird die Verbreitung von Flugblättern in Bremen und an die Bremer Frontsoldaten besprochen, organisiert und durchgeführt. Intensiv werden die internationalen Kongresse der Opposition in Kienthal und Zimmerwald besprochen, auf der Frölich im Auftrage Kniefs die Position Lenins gegen R. Luxemburg vertritt. (26) Zentral von Bremen mitgetragen wird die nationale Jugendkonferenz der Opposition in Jena (23./24.4. 1916), auf der es zu organisatorischen Abmachungen und zur Diskussion über die Parteispaltung kommt. Knief vertritt schon 1916 die Notwendigkeit der Parteispaltung und vertritt gegen den Widerstand der Berliner Gruppe um R. Luxemburg eine Mitgliedsbeitragsverweigerungskampagne. (27) (s.u.) Die durchschnittliche Teilnehmerzahl bei diesen Zirkeln in Bremen beträgt 15 – 40 junge Menschen (28).

In Bremen beobachtet die Polizei diese Aktivitäten über ein Spitzelsystem recht sorgfältig und genau. (29) Zumal sie immer fürchtet, daß diese linken Oppositionskreise zu Kristallisationspunkten für den durch Nahrungsmittelverknappung und sonstiger Kriegsbelastungen drohenden Widerstand der Bevölkerung werden könnten.

Mitte 1916 bricht Knief völlig mit Henke und bekämpft die schwankende Haltung der Partei–Zentristen. Im Henke–Nachlaß findet sich ein Brief eines Freundes Henkes in Frankfurt (Robert Dissmann), der von einer Versammlung berichtet, auf der Knief gesprochen habe. Knief sei im Okt. 1916 in Frankfurt gewesen. Er habe auf zwei Versammlungen gesprochen. Einmal seien 40 Teilnehmer (darunter 14 Jugendliche und 15 Frauen), einmal 35 Teilnehmer anwesend gewesen. Knief habe hauptsächlich gegen Henke agitiert. Dieser habe Liebknecht und Rühle versprochen gehabt, gegen die Kriegskredite zu stimmen, habe es dann aber aus Rücksicht auf Frau und Kinder unterlassen. Während der Bremer Straßendemonstration im Juli 1916 habe er von einem Pressebeobachtungsposten verkündet, daß er – Henke – mit dieser Demonstration gegen Hunger und für die Kriegsbeendigung nichts zu tun habe. Dissmann endigt: "Daß dies ein erbärmliches skandalöses Treiben gegen einen langjährigen Kollegen ist, der sich natürlich nicht verteidigen kann, wenn er auf diese Weise durch die Gosse geschleift wird, braucht nicht näher betont werden". (30)

Am 2.1.1916 gründet die Parteirechte in Bremen – nach der Abwahl ihrer wichtigsten Vertreter aus Parteifunktionen – als Gegenstück zur BREMER BÜRGERZEITUNG die BREMISCHE CORRESPONDENZ. Im Juni 1916 greift der Parteivorstand zugunsten der Parteirechten in die Auseinandersetzung in Bremen ein und enteignet den Bremer Ortsverein von der BREMER BÜRGERZEITUNG (31). Als der Ortsverein am 1.12.1916 einen Beitragsstreik organisiert, reagiert der Berliner Parteivorstand mit dem Ausschluß des Bremer Ortsvereins aus der Partei. Knief wird entlassen und wird arbeitslos, damit auch mittellos. Seine Familie (er war verheiratet und hatte zwei Jungen) geriet in Not und mußte sich hoch verschulden. Knief weigerte sich aber dennoch, dem 'Ansinnen' seiner Frau nachzugeben, einen unpolitischen Broterwerb zu suchen. (32)

Nach anfänglichen Kontakten mit der neu gegründeten USPD (5.4. 1917), bemüht sich Knief um die Umwandlung des ausgeschlossenen Bremer Ortsvereins der Sozialdemokratie in eine linksradikale Organisation. Zum neuen Organ wird die Wochenzeitschrift ARBEITERPOLITIK (24. Juni 1916 gegründet.) (33) Die Arbeit an der ARBEITERPOLITIK und die Umwandlung des Bremer Ortsvereins in eine teilweise subversiv arbeitende, in Zirkel sich auflösende linksradikale Splitterorganisation ist der Beginn einer neuen politischen Entwicklungsstufe Kniefs. Von der Abhängigkeit und Betroffenheit von der Sozialdemokratie befreit er sich und wird der anerkannte lokale Führer einer entschlossenen, einheitlichen, aktionistischen Zirkelorganisation. Über Bremen hinaus knüpft er in ganz Deutschland Beziehungen zu ähnlichen Organisationsansätzen an. Er wird zum Sprecher der Linksradikalen in Bremen und zum bestimmenden Redakteur einer der vier linksradikalen Blätter (INTERNATIONALE, LICHTSTRAHLEN, AKTION und ARBEITERPOLITIK) in der Kriegszeit.

In dieser Epoche tritt nun das erste Mal auch eine Frau in das Leben Kniefs, mit der er sich politisch und emotional auf gleicher Stufe auseinandersetzt: Lotte Kornfeld. Er hatte sie als Kurier Karl Radeks in Hannover kennen– und lieben gelernt (Spätsommer 1916) (34). Am 1.1.1917 tritt sie als unbezahlte Geschäftsführerin in die Redak-

tion der ARBEITERPOLITIK, sie zieht von Berlin nach Bremen, behält aber ihre Wohnung in Berlin bei. Finanziell war ihr dies möglich, da sie von ihren Großeltern ein Vermögen ererbt hatte.
Für Knief wird die 17 Jahre jüngere Frau aus der Großbourgeoisie zur einzigen weiblichen Bezugsperson,mit der sich emotional überhaupt auseinandersetzt,die er nicht einfach übergeht (wie seine Mutter) oder ausgrenzt (wie z.B. seine Ehefrau). Ihr eröffnet er seine Lebensgeschichte, seine Probleme, läßt sie an seinem politischen Leben teilnehmen und versucht mir ihr, emotionale Beziehungen zu entwickeln.

Seine Ehefrau reagiert auf diese Beziehung mit Haß, der sie zur Denunziation Kniefs bei der Militärbehörde veranlaßt:
Knief habe sein Nervenleiden, das 1915 zur Entlassung aus dem Militärdienst geführt habe nur simuliert. Da Knief bei der Militärbehörde wegen Kontakte mit meuterungswilligen Marinern aus Wilhelmshaven mehr als verdächtig war, mußte er sich ihrem Zugriff nun durch Flucht quer durch Deutschland entziehen. Lotte Kornfeld begleitet ihn von da ab ständig und bestreitet den gemeinsamen Lebensunterhalt. Im April 1917 sind sie in Berlin, Westfalen, Rheinland (ein Versuch nach den Niederlanden zu emigrieren, scheitert). Vom Mai bis August 1917 sind sie wieder in Berlin (Gründung der Internationalen Sozialisten–Partei (26.8.1917) auf Reichsebene), subversive Kontakte mit wilden Streiks in Bremen, Hamburg und zu Meuterern bei den Marinern in Cuxhaven und Wilhelmshaven. Knief versucht an allen diesen Orten Verbindung zu verwandten linksradikalen Zirkeln anzuknüpfen und bei der überregionalen Koordinierung dieser Gruppen mitzuwirken. Dabei wehrt er sich gegen die Vorherrschaft der Berliner Zentrale der Spartakus, Gruppe Internationale (R. Luxemburg, K. Liebknecht), denen er autoritären Zentralismus vorwirft. Daneben beobachtet er mißtrauisch jegliche Annäherung an den "Opportunismus" der USPD und leugnet die Notwendigkeit, sich auf die nationalen Interessen der Bevölkerung einzulassen.

Die Region Bremen wird durch ihn in doppelter Weise zur allgemeinen Tendenz hin abstrahiert:

— Er vertraut allgemein auf die spontane Aktionsbereitschaft der Arbeiter, wie er sie 1913 in Bremen erfahren hat.

— Er verallgemeinert die Kommunikations– und Integrationsmöglichkeiten von linksradikalen Zirkeln in der Arbeiterbewegung, wie es in

Bremen für die Gruppe um Knief bis zum Krieg in vermehrtem Maße möglich war.

Im September 1917 tauchten beide unter falschen Namen in Bayern unter (Knief nennt sich Franz Müller und Dr. Brandt). Erich Mühsam versteckt sie bei dem Bildhauer Ludwig Engel in der Nähe von München.

Am 30.1.1918 werden Knief und Lotte Kornfeld auf Fahndungersuchen aus Berlin in München verhaftet und nach Berlin transportiert. Knief kommt in militärische Schutzhaft in die Stadtvogtei, Lotte Kornfeld in das Frauengefängnis in der Barnimstraße.

Dort beginnt Knief mit der Abfassung der von Lotte Kornfeld 1920 unter dem Titel 'Briefe aus dem Gefängnis' veröffentlichten Briefreihe, die sich bis zum November 1918 fortsetzt. (Siehe Teil I meines Aufsatzes). Am 7. August wird Knief zwangsweise in eine Nervenklinik überwiesen, aus der er erst am 9.11.1918 befreit wird. Danach besucht er erst Otto Rühle in Dresden, dann Marinesoldaten in Cuxhaven. Am 18.11.1918 trifft er wieder in Bremen ein.

Im Gefängnis bzw. in der Nervenheilanstalt arbeitet Knief an zwei politischen Schriften. In Fortschreibung der Broschüre Karl Radeks von 1912 (Titel 'Der deutsche Imperialismus und die Arbeiterklasse') schreibt er eine Agitationsbroschüre, 'Vom Zusammenbruch des Imperialismus bis zum Beginn der Proletarischen Revolution'. Diese Schrift wird Anfang 1919 in einer Auflage von 100 000 Exemplaren vertrieben. In ihr wird die Notwendigkeit begründet, die augenblicklichen Unruhen bis zur proletarischen Revolution unter der Führung der radikalen Arbeiterschaft voranzutreiben. [35]
Die zweite Arbeit ist ein nicht zu Ende geschriebener Versuch, Marx und Lassalle kritisch miteinander zu vergleichen. Knief versucht, Lassalle zu kritisieren, insofern dieser sich den Fortschritt der Arbeiterbewegung als Ergebnis der technologischen Entwicklung quasi automatisch vorstelle. Die Arbeiterklasse müsse nach Lassalle nur ihre jeweilige Notwendigkeit erkennen. Marx habe dagegen – so Knief – für die Notwendigkeit der proletarischen politischen Aktivität plädiert.

Anfang 1916 demonstrierten die Bremer Straßenbahnarbeiter. Am 26. bis 28. Juni 1916 kam es zu ersten größeren Demonstrationen in Bremen gegen die Inhaftierung Karl Liebknechts, die vor allem von Jugendlichen und Arbeiterinnen getragen wurden. [36] Auf der AG Weser legen 5 600 Arbeiter für 2 Tage (3./4. Juli 1916) ihre Arbeit nieder. Um eine Ausweitung der Unzufriedenheit zu verhindern, unterdrücken die Behörden alle Nachrichten über die Unruhen und ihre Ursachen. Ab 1916 werden auch vermehrt Rädelsführer eingezogen und an die Front geschickt. Auch werden drakonische Strafen von den Militär– und Zivilgerichten ausgesprochen (z.b. für die Verbreitung eines Flugblattes 6 Monate Zuchthaus).

Es erstaunt deshalb, daß die 'ARBEITERPOLITIK' in Bremen nicht verboten wurde. Den Grund scheint eine handschriftliche Notiz des Bremer Polizeidirektors Eckhardt vom 26.9.1918 anzugeben: Er rät von einem Verbot ab, um die gute Informationsquelle über die Agitation der Linken nicht versiegen zu lassen [37].

Die Redaktion der ARBEITERPOLITIK befand sich im Arbeiterviertel Gröbelingen. Der spätere Kommunist Karl Becker war als Setzer und Drucker, die Arbeiterin Anna Wroblewski gegen geringes Entgeld als Einlegerin für sie tätig. Gröbelinger Arbeiterfrauen trugen die ARBEITERPOLITIK aus. Knief besorgte beinahe allein die Radaktionsarbeit.
Er sagte später über die Zeitschrift: "Sie kann sich sehen lassen in der Weltgeschichte. Sie stand auf dem äußersten Vorposten und hat unverwandt und nimmer rastend dem Feind ins Auge geschaut. (...) Nur eine Verantwortung kannte sie: Die unermeßlich große Verantwortung vor der internationalen Arbeiterklasse. Ihr gehörte ihr Herzblut." [38]
Diese Aussage kurz nach der Umwandlung dieser Wochenschrift in eine kommunistische Tageszeitung (DER KOMMUNIST) drückt die Intention und die Gefühlslage des Redakteurs dieser Zeitschrift aus.

Die Werftarbeiter in Bremen (mit der Ausnahme im Juli 1916) bleiben bis 1918 relativ ruhig. Sie ziehen den passiven Protest dem aktiven Widerstand vor. Der gewerkschaftliche Organisationsgrad der Werftarbeiter geht z.B. wegen des gewerkschaftlichen Burgfriedensabkommens stark zurück. [39] Es bestehen während des Krieges lockere Kontakte zwischen dem Kniefkreis und einigen Werftarbeitern. Zum Beispiel sammeln die Werftarbeiter der AG Weser 1 500 RM zum Kauf der Druckmaschine zur Herstellung der 'ARBEITERPOLITIK'.

Im Januar und Februar 1918 kommt es dann zu größeren Widerstandsbewegungen in Bremen. Nachdem im Januar ein außerordentliches Kriegsgericht in Bremen eingerichtet worden war, wurden am 31.1.

1918 die Werften unter militärische Leitung gestellt, wobei aber die technische Betriebsleitung in Funktion blieb.
Als Antwort darauf gehen die Werftarbeiter und die Arbeiter und Arbeiterinnen in den Rüstungsindustrien in Bremen in den Teilausstand. Nach einigen Tagen wird der Arbeitskonflikt jedoch unter starkem Obrigkeitsdruck beigelegt. Der Bremer Senat weigert sich noch 1918, die drohende politische und militärische Katastrophe zu erkennen, und antwortet auf Widerstand mit Repression.

Zum Jahresende steigern sich – vor allem in den Werften – die Arbeiterunruhen und führen mit dem militärischen Zusammenbruch zum politischen Umbruch (3.12.1918 folgen etwa 20 000 Arbeiter/innen dem Streikaufruf der Linksradikalen). Am 6. November 1918 wird die Militärregierung abgeschafft. Ein Arbeiter– und Soldatenrat wird ausgerufen (7.11.1918). Als Knief am 18.11.1918 nach Bremen zurückkehrt, findet am selben Abend im Casino (einem großen Versammlungslokal mitten im bürgerlichen Zentrum von Bremen) eine von Henke,dem bis dahin unumstrittenen Führer der Bremer Revolution und Vorsitzenden der USPD Bremens, eine Massenversammlung statt. Knief kommt still von einer Seitentribüne in den Saal, Henke beginnt – nach Augenzeugenberichten – unsicher zu werden. Knief hält dann eine seiner brühmten Reden, mit der er die Stimmung im Saal auffängt und emotional radikalisiert.Am Schluß legt er eine vorbereitete Resolution vor, die Forderungen der Gruppe 'Internationale Sozialisten' enthält und die mit großer Mehrheit angenommen wird. (40)

Henke und die USPD, die bis dahin den Einfluß nur mit den Mehrheitssozialdemokraten teilen mußten (deren Machtzentrum lag im Soldatenrat, die USPD dominierte bis dahin den Arbeiterrat), mußten nun nach Kniefs Ankunft bei allen Aktionen, Versammlungen etc. mit dem zunehmend stärker werdenden Einfluß der Gruppe um Knief rechnen. Diese nannte sich ab dem 23.11.1918 'Internationale Kommunisten Deutschlands, Ortsgruppe Bremen'. Ab dem 27.11. erschien als Tageszeitung ihr Organ DER KOMMUNIST. (41)

Knief verblieb nur noch ein knapper Monat, politisch zu arbeiten. Vier Ereignisse bildeten in dieser Zeit die Höhepunkte seines Wirkens und zeigen typisch die Grenzen und Möglichkeiten seiner Funktion.

(1) Am 28. November 1918 forderten die Werftarbeiter der Weserwerft eine Lohnerhöhung. Sie konnten sie durchsetzen. Knief wollte diesen Erfolg zu einer Demonstration von Arbeitermacht

Nach der Zeichnung eines Arbeiters

Versammlung der Arbeiter der Weserwerft

Am 28. November 1918 setzten die Arbeiter der Weserwerft eine Lohnerhöhung durch. Der leitende Direktor Dr. Tetens
wollte „unter Protest" mit Henkes Zustimmung die Erklärung der Bewilligung der Lohnforderung vom Fenster des Verwaltungs-
gebäudes aus verlesen, wurde jedoch auf Kniefs Vorschlag gezwungen, zu den Arbeitern herauszukommen und vom Schuppendach herab seine Erklärung abzugeben. Der Schuppen hieß fortan „Canossa-Schuppen". — Auf dem Schuppen vorn rechts
Alfred Henke und links von dem die Erklärung verlesenden Tetens die kleine Gestalt Johann Kniefs.

und als einen Schritt zur weiteren Radikalisierung in Richtung Produktionsübernahme machen.

Als der leitende Direktor der Werft die Lohnerhöhung vom Fenster seines Büros den wartenden, fast vollständig versammelten Arbeitern vorlesen wollte, zwang ihn Knief dies von einem Schuppendach mitten unter den versammelten Arbeitern zu tun. Knief hielt darauf eine mit Begeisterung aufgenommene Rede, in der er die Übernahme der Werft durch die Arbeiter in den nächsten Tagen ankündigte. (42)

(2) Am 29.11 versammelte sich der Arbeiter– und Soldatenrat Bremens in der Börse. Es ging um den Beschluß über die Teilnahme und Unterstützung der Wahlen zur Nationalversammlung, die nach dem Willen der MSPD das Ende der Arbeitermacht und den Übergang zur bürgerlichen Verfassung darstellen sollte.

Wegen der drohenden Abstimmungsniederlage im A.– und S.–Rat besorgt, rief die Gruppe um Knief für den Vormittag zu einer Großdemonstration auf dem Domplatz in der Nähe der Börse auf, um das Abstimmungsergebnis 'notfalls' zu korrigieren.

Während in der Börse der A.– und S.–Rat schon beriet, hielt Knief vom Balkon der Deutschen Bank aus eine Rede, die mit folgenden Forderungen (wieder in der Form der Resolution durch Handhebung abgestimmt) endete:

1. Bewaffnung der gesamten industriellen Arbeitersch'aft. Bildung von Roten Garden.

2. Entwaffnung aller nichtproletarischen Elemente.

3. Sofortige Vertreibung bürgerlicher und sozialpatriotischer (sprich sozialdemokratischer) 'Elemente' aus allen von der 'allgemeinen Volksbewegung' eingesetzten Institutionen.

4. Freigabe der BREMER BÜRGERZEITUNG an die Organe des Linksradikalismus

5. Beschlagnahme aller Papiervorräte.

6. Beschlagnahme der Nahrungsvorräte der Groß–Bourgeoisie.

7. Entfernung von Senat und Bürgerschaft, der Schutzmannschaften, der gesamten Kriminalpolizei.

8. Boykott der Wahlen zur Nationalversammlung, statt dessen die Ausrufung der Räterepublik zuerst in Bremen.

Mit dieser Resolution dringt Knief und sein Begleitschutz in den Börsensaal und fordert sofortige Abstimmung. Trotz dieses Druckes stimmten 97 Delegierte für und 56 gegen die Wahlbeteiligung zur Nationalversammlung. Knief erzwingt die Neueröffnung der Debatte, worauf ein großer Teil der Anhänger der MSPD den Saal verläßt. Die verbleibenden Delegierten des A.– und S.–Rates stimmen nach längerer Debatte mit absoluter Mehrheit für die Resolution der wartenden Massenversammlung. (43)

(3) Am 24.12. hält sich Knief bei dem zweiten Reichstreffen der Internationalen Kommunisten Deutschlands (IKD) in Berlin auf. Auf dem ersten Treffen (15. – 17.12.1918) hatte sich Knief noch mit der Ansicht durchsetzen können, daß es falsch sei, sich mit der Gruppe Internationale zu vereinigen, da diese eine zentralistisch gelenkte Partei sei, die zum Opportunismus gegen die USPD neige. Nach dem Eingreifen von Radek läßt sich Knief auf der 2. Konferenz umstimmen (s.u.);

Knief hatte noch am 17.12. die Abgrenzung zur Gruppe Internationale in einer Grundsatzerklärung wie folgt begründet:
"Die Internationalen Kommunisten Deutschlands stehen auf dem Boden der Massenaktionen. Sie verwerfen deshalb grundsätzlich Aktionen, die auf bloße Putsche hinauslaufen und ihrem Wesen nach nur die wirkliche Entwicklung der revolutionären Bewegung vorauszunehmen suchen und sie gefährden." (44)

Knief verallgemeinert damit die Bremer Erfahrungen und die Funktion seiner Gruppe als radikalisierender Sauerteig in einer wirklich radikalen Arbeiterbewegung. Rosa Luxemburg sieht dagegen die Funktion der Avantgarde darin, das rückständige Bewußtsein der Arbeiterschaft, die in ihren großen Teilen immer noch der MSPD folge, zu entwickeln. Die Avantgarde hat bei ihr mehr die Aufgabe des Lehr– und Schulmeisters. Man müsse die Arbeiter in ihrer bewußtseinsmäßigen Rückständigkeit erreichen und dort Lernprozesse anleiten und weitergeben, Lernprozesse, die auf praktischer Anschauung basieren sollten. Deshalb war sie für eine Beteiligung an den Wahlen zur Nationalversammlung, um die Arbeiter über diese Tribüne erreichen zu können, und sie war für ein teilweises Zusammengehen mit der USPD. (45)

Über den Meinungswandel Kniefs in Richtung R. Luxemburgs lassen sich nur Vermutungen anstellen. In jedem Fall bemüht sich Knief seit dem Dezember 1918 intensiver um die Verbreitung des Einflußes der Bremer IKD in der Umgebung Bremens — im gesamten Norddeutschen Raum. Agitatoren der IKD gehen z.B. nach Oldenburg, Wilhelmshaven und gründen und aktivieren dort Ortsgruppen der IKD, die später zu Gründungszirkeln für die KPD werden.

Am 1.12.1918 schreibt 'DER KOMMUNIST':
"Wir wissen, daß im ganzen Reich die Entwicklung von der allgemeinen Volksbewegung zum proletarischen Klassenkampf sehr viel langsamer vor sich geht, als hier in Bremen. Wir sind i n t e r n a t i o n a l e Kommunisten. Wir wissen, daß der Klassenkampf des Proletariats niemals national, viel weniger aber lokal geführt werden kann." (...)
"Von Bremen aus müßt Ihr den klarsten Eurer Kameraden, dem besten Redner unter Euch es materielle ermöglichen, ganz Norddeutschland zu bereisen um an jedem einzelnen irgendwie bedeutsamen Ort alle ihre Überzeugungskraft, alle revolutionäre Leidenschaft aufzubieten, um die Arbeiter anderer Städte auf den selben Weg zu verweisen, den Ihr schon beschritten habt". (46)

Damit wird deutlich, daß der Kreis um Knief die Bedrohung der Revolution in Bremen — wie Rosa Luxemburg — durch die weniger "reife" Provinz sah. Doch scheint der Ausschlag zur Zustimmung zu der Vereinigung durch den Einfluß Radeks als Vertreter der russischen Revolution erfolgt zu sein. Die Vereinigung der deutschen Linksradikalen zu einer Partei lag im Interesse der Bolschewiki. Karl Radek setzt durch direkten Einfluß auf Knief die Einigungsbereitschaft der IKD durch. Er schreibt darüber:
"Ich rief meinen Freund Johann Knief (...) telegraphisch aus Bremen herbei. (...) Johann war gegen eine Vereinigung mit den Spartakisten. (...) Er forderte die Gründung einer bolschewistischen Partei unabhängig von Rosa Luxemburg, sprach von der Gefahr einer Diktatur Tyszkas (Leo Jogiches), der unter konspirativen Bedingungen aufgewachsen sei und die Partei mit seinem Zentralismus ersticken werde." Radek habe ihn schließlich "gezwungen" der Vereinigung zuzustimmen. (48)

Knief stimmt in der Sitzung vom 24.12. der Fusion der IKD mit der Gruppe Internationale unter Vorbehalten zu und kann damit die- noch skeptischer eingestellten Otto Rühle (Dresden) und Laufenberg (Hamburg) mitziehen. Die Skepsis drückt sich noch in der Beitrittserklärung aus und wird mit den divergierenden regionalen Erfahrungen begründet. (Die Gruppen der IKD waren in den ähnlich strukturierten Industriezentren Hamburg, Bremen und auch Dresden besonders stark.)

"In der Zeit der illegalen Arbeit war es unvermeidlich, daß von verschiedenen Zentren aus die Vorbereitung der Revolution einsetzte und, bedingt durch die Verschiedenheit des politischen und wirtschaftlichen Charakters der einzelnen Arbeitsgebiete, grundsätzliche und taktische Differenzen aufkommen mußten. Von unten auf wuchsen und entwickelten sich die Organisationen der IKD". (47)

(4)   Knief kümmerte sich in dieser Zeit engagiert um die Arbeitslosen in Bremen. Als Forderung vertritt er: Verkürzung der Arbeitszeit und staatlich finanzierte Notstandsarbeiten zur Schaffung von Arbeitsplätzen. Sein letztes öffentliches Auftreten in Bremen am 21.12.1918 ist bei einer Versammlung von Arbeitslosen. Bei dem letzten großen Ereignis seines politischen Wirkens ist Knief schon nicht mehr persönlich anwesend.
Seine Forderung nach Entwaffnung der Armee und der Polizei und Bewaffnung der radikalen Arbeiter wird am 1.1.1919 mit der Entwaffnung des Regiments 75 eingeleitet. Am 6.1. wird ein neuer A.- und S.-Rat gewählt, in dem die USPD und die KPD eine knappe Mehrheit erhalten. Am 10.1. wird das Gewerkschaftshaus besetzt (auch eine Forderung Kniefs auf dem Weg zur Arbeiterselbstverwaltung), der Senat endlich entlassen, Zensur für bürgerliche Zeitungen eingerichtet und vor allem ein Rat der Volkskommissare und der Volksbeauftragten gewählt. Dieser wird zum Ausdruck der proletarischen und bürgerlichen Doppelherrschaft.

Knief, der zu diesem Zeitpunkt wegen einer verschleppten Blinddarmentzündung schon schwerkrank im Krankenhaus liegt, wird zu einem der drei kommunistischen Volksbeauftragten gewählt. Gleichzeitig aber findet auch in Bremen die Wahl zur Nationalversammlung unter großer Beteiligung der Bevölkerung und unter Duldung des A.- und S.-Rates statt. (49)
Eine Darstellung der Geschichte der Bremer Revolutionszeit und ihres weiteren tragischen Verlaufs soll im Rahmen dieser Arbeit

nicht geleistet werden. Ich verweise hier auf die Arbeit von P. Kuckuck. (43)

Bis weit in den April 1919 hinein bestand in Bremen eine Art Doppelherrschaft, wobei die Trennung zwischen dem Industrieproletariat unter Leitung der IKD und der USPD auf der einen Seite und den Angestellten, Kleingewerbetreibenden, Handwerkern, Facharbeitern, Beamten etc. unter der vorläufigen Führung der Mehrheitssozialdemokraten verlief. Bis zu dem militärischen Eingreifen der Division Gerstenberger Anfang Februar 1919 dominierten die proletarischen Teile das politische und langsam auch das ökonomische Geschehen in Bremen.

Die Gruppe um Knief verlor in der Zeit nach dem Januar 1919 immer mehr den Kontakt zu der Arbeiterbewegung, isolierte sich durch abstrakte Radikalität von ihr und war unfähig nach der militärischen Niederlage, das Selbstbewußtsein der politisierten Arbeiter durch Berücksichtigung ihrer konkreten Probleme und Lebensnöte zu stützen. Noch im Laufe des Jahres 1919 wandelte sich die KPD—Bremen in eine dogmatisch auf die Berliner Zentrale fixierte Gruppierung, die ab da jede Schwankung der Zentrale kritiklos mitmachte. Damit wird die 'Führergestalt' Kniefs in ihrer persönlichen und zeitgeschichtlichen Begrenzung deutlich.

Kniefs Bedeutung findet ihre größte Dichte im Monat Dezember 1918. Dort findet die Symbiose zwischen seiner von der Widersprüchlichkeit als 'Kleinbürger' angetriebenen Radikalität mit der Radikalität der Arbeiter aus den Bremer Großbetrieben auf der Straße, in den Großversammlungen statt. Knief formuliert dort als Redner für sie glaubwürdig ihre Stimmungen, ihre Erfahrungen und ihre Wünsche. Er formuliert sie aber gleichzeitig in einer politisch—abstrakten Sprache, die die Lernprozesse der Arbeiter in der jeweiligen Situation festhält, sie jedoch nicht zum eigenbestimmten Handeln befähigt. Die politischen Ziele sind dabei — in Form von Resolutionen — jeweils immer schon vorformuliert und fixieren die Arbeiter auf die Autorität Kniefs, machen sie von seinen Interpretationen abhängig, bereiten nicht ihre Handlungsfähigkeit im Verfall der revolutionären proletarischen Öffentlichkeit vor.

Die Spaltung der Arbeiterbewegung, in die resignative Unterordnung unter die Gewerkschaftsführung und unter die Führung der MSPD oder in gläubiger Gefolgschaft der autoritär sich verselbständigenden KPD, wurde gerade durch 'Führer' wie Knief n i c h t verhindert. Gerade weil Knief in seiner Hingabe für die Arbeiterbewegung einen Ausweg aus der Problematik der eigenen Identitätssuche, seiner emotionalen Widersprüchlichkeit findet, wird er unfähig, sich über die Massenbewegung hinaus mit der konkreten Lebens– und Bewußtseinssituation seiner 'geliebten' Arbeiter zu beschäftigen.

Als er krank in Berlin mit Todesahnungen geplagt die ersten Nachrichten über die sich anbahnenden Massenaktionen empfängt, schreibt er an Lotte Kornfeld zu deren Geburtstag (12.10.18): "Und jetzt herausgerissen werden? O, das darf, darf ja nicht sein! Jetzt nicht! Nur noch wirken können! Nur ihnen noch helfen können, den Arbeitern! O, was wollte ich für sie tun! Wie wollte ich täglich, stündlich immer Neues, Gutes, Kraftvolles, Schönes für sie suchen ... O, nur jetzt nicht herausgerissen werden." (50)
Er will für sie da sein – als ihr Führer. Bis zur Selbstaufgabe. Aber sie sind für ihn nur in seiner reduzierten Wahrnehmung vorhanden.
Am 6. April ist Knief tot.

Sein Konkurrent um den Einfluß auf die Arbeiterbewegung, Henke, schreibt in seinem Nachruf:
"Ein Kämpfer von idealem Wollen und geradezu mit fanatischem Eifer ist nicht mehr. Die Arbeiter wissen, was sie an ihm verlieren. In ihrem Herzen wird er fortleben als ein Vorbild der Treue zur Sache und der ganzen Hingabe an sie." (51)

Besser – aber bestimmt für Henke unbewußt – kann man die geschichtliche Begrenzung Kniefs nicht kritisieren: er half mit, die Ansätze zur konkreten Selbstbestimmung bei den Arbeitern in eine ihnen äußere Sache zu verwandeln, eine Sache, in der die Wünsche, Lebensäußerungen, die Kraft, Phantasie der Arbeiterbewegung dogmatisch fixiert, mehr und mehr eingeschlossen und damit aus der Politik ausgeschlossen wurden. Die Beerdigung Kniefs wurde zum Symbol dieser Erstarrung. Orientiert an der Choreographie der Beerdigung Rosa Luxemburgs und Karl Liebknechts, wurde auch in Bremen die Beerdigung Kniefs zum Ausdruck der Trauer der Arbeiter um eine der wichtigen Symbolfiguren ihrer verlorenen Revolution und damit zur Trauer um die Revolution selbst. Der Trauerzug formierte sich am Rande der Stadt. An seiner Spitze der 4spännige Leichenwagen, der ganz mit rotem Stoff ausgeschlagen war. Um ihn herum 40 Marinesoldaten aus Wilhelmshaven, des ersten Ortes der Meuterei gegen den Krieg. Dann kamen mehrere Musikkapellen, 20 Fahnenträger, über hundert Kranzträger, Delegationen aus vielen Betrieben, Gewerkschaften und von kommunistischen Organisationen vor allem aus dem norddeutschen

Raum. Dahinter folgte dann der 10 000–köpfiger Trauerzug. Der Zug bewegte sich quer durch die Stadt und endete am Krematorium. Dort verliefen sich "ohne Zwischenfälle" die Trauergäste.

Die Trauernden trugen die Symbole ihres Kampfes und ihrer Niederlage mit sich durch die wieder an das Bürgertum verlorene Stadt. Waren z.b. Trauerzüge auf dem Höhepunkt der bürgerlichen Revolution Ausdruck eines neuen Selbstbewußtseins, des Bewußtseins der eigenen zukünftigen Macht, so war dieser Trauerzug nur Ausdruck des Verlustes, der Demonstration der Niederlage, der Hoffnungslosigkeit, der Fixierung auf den verlorenen Führer.

Der KOMMUNIST schrieb am 1.1.1919 als Kommentar zur Bewaffnung der Arbeiter:
"Es hat seine tieferen Gründe, daß gerade in Norddeutschland, in Bremen voran, die Entwicklung der proletarischen Revolution so sichtbare Fortschritte macht. Ein industriell hochentwickeltes Proletariat, ein bis in die Knochen verfaulter Liberalismus, ein bis in die Knochen verkommenes Sozialpatriotentum – das sind die politischen Faktoren. Eine ausgedehnte Industrie, eine raffgierige Finanz– und Handelsoligarchie, ein auf Übersee angewiesenes, und in seiner Entwicklung unterbundenes Reederkapital, ein völlig aufgelöster Mittelstand – das sind die wirtschaftlichen Faktoren. Die politischen und sozialen Gegensätze stoßen hier mit brutaler Unverhülltheit aufeinander." (52)

Durch langjährige Schulungsarbeit in den unteren Funktionärskreisen der Gewerkschaften und in der sozialdemokratischen Partei, bei sozialistischen Jugendgruppen und in Arbeiterbildungsvereinen, über Streikunterstützungen und durch Zirkelarbeit während des Krieges kannten Knief und seine engeren Mitarbeiter seit Jahren die Vertrauensleute der anpolitisierten Arbeiter. Er war als vertrauenswürdiger und zuverlässiger Führer anerkannt und hatte sich einen Ruf als radikaler Anwalt für radikale Arbeiterinteressen erworben.
Doch nach der Zerstörung der einheitlichen Organisation der sozialdemokratischen Vorkriegspartei gerieten Knief und seine politischen Freunde auf ihren Aktionsfeldern in Rollenzwänge und versagten bei der Notwendigkeit der Organisation der tagtäglichen Lernprozesse der politischen Arbeiter.

Dieses Manko wurde eine Zeitlang über die Person Kniefs, über seine ständige direkte Einflußnahme ausgeglichen. Mit der Niederschlagung der selbständigen proletarischen Bewegung durch den bürgerlichen Staat orientierten sich gerade die politischen Arbeiter wieder auf die traditionellen Organisationsformen und Autoritätsbeziehungen,von denen sie sich – und dies sollte am Beispiel der Bremer Linksradikalen gezeigt werden – in Ansätzen in der Aktionszeit vor und nach dem ersten Weltkrieg lösen konnten.

Einwohner Bremens!

Die Entscheidung ist gefallen! Um nicht mit in den selbstmörderischen Zusammenbruch der kapitalistischen Wirtschaftsordnung hineingerissen zu werden, hat das werktätige Volk Bremens, das revolutionäre Proletariat, sein Schicksal in die eigene Hand genommen!

Ueber Bremen ist das Standrecht verhängt!

Die gesamte wirtschaftliche und politische Macht liegt in den Händen der proletarischen Volksregierung.

Bremen ist eine selbständige sozialistische Republik.

Der Senat ist abgesetzt!

Alle im Besitz von Waffen befindlichen Bürger und Offiziere haben ihre sämtlichen Waffen bis Sonnabend, den 11. Januar 1919, nachmittags 5 Uhr, im neuen Rathaus abzuliefern.

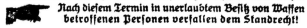 Nach diesem Termin in unerlaubtem Besitz von Waffen betroffenen Personen verfallen dem Standrecht!

Alle Rangabzeichen sind sofort abzulegen.

Diebstahl, Raub, Plünderung

sind Verbrechen gegen die sozialistische Gemeinschaft! In Ausübung dieser Verbrechen betroffene Personen werden sofort erschossen!

Jeder gegenrevolutionäre Versuch wird als Hochverrat mit sofortigem Erschiessen geahndet.

Im Interesse der öffentlichen Sicherheit wird die Polizeistunde vorläufig auf 9 Uhr abends festgesetzt und der Ausschank von Wein und Spirituosen verboten!

Einwohner Bremens! Alle getroffenen Maßnahmen dienen dem Schutz der Allgemeinheit. Sorgt selbst für die Durchführung der getroffenen Bestimmungen, dann ist der Bürgerkrieg eine Unmöglichkeit, dann ist die Durchführung der sozialistischen Wirtschaftsordnung gesichert, die Wohlfahrt der Gesamtheit gewährleistet.

Bremen, den 10. Januar 1919.

Der Rat der Volkskommissariate.

(1) Zum folgenden: Helmut Kral, Streik auf den Helgen. Die gewerkschaftlichen Kämpfe der deutschen Werftarbeiter vor dem ersten Weltkrieg und in der Entstehungsphase der Weimarer Republik. Berlin (O) 1964.
Siehe auch die Chronolgie, Wania, Huber, Fünfzehn Jahre Bremen (1906 – 1920). Eine Chronik. Bremen 1930.

(2) Bremen 1900 – 1927. Bildliche Darstellung des Standes und der Entwicklung der Bevölkerung, des Wirtschaftslebens und der staatlichen Verwaltung seit Anfang des Jahrhunderts. Hg. Bremisches Statistisches Landesamt, Bremen 1929, p. 61.

(3) ebd., p. 7

(4) ebd., p. 77

(5) ebd., p. 55

(6) Bessel, Georg, Bremer Vulkan. 150 Jahre Schiffsbau in Vegesack. Schiffsbau und Maschinenfabrik, Bremen 1955, p. 81.

(7) ebd., p. 82 – 90

(8) ebd., p. 92

(9) Eildermann, W., Jugend im Ersten Weltkrieg, Tagebücher, Briefe, Erinnerungen. Berlin (O), 1972, p. 215

(10) Im April 1910 stellte der Senat die Zahl der Schüler und Schülerinnen im niederen Schulwesen, sowohl in den Volks– als auch Gemeindeschulen, fest: Es gab im Staat Bremen 35 000 Schulkinder in 752 Klassen, die von 854 Lehrern und Lehrerinnen unterrichtet wurden. Das sind im Durchschnitt 46,5 Kinder pro Klasse. Wegen der ländlichen gemeindlichen Zwergschulen gibt dieser Durchschnitt nicht ganz das reale Bild wieder.

(11) entfällt.

(12) Die folgenden mit 'H' und 'Nr.' gezeichneten Verweise stammen aus dem Nachlaß Alfred Henke, der im Archiv der sozialen Demokratie der Friedrich–Ebert–Stiftung, Bonn/Bad–Godesberg, liegt.
J. Knief, Brief vom 28.10.1909, in H. 44.

(13) Schwarzwälder, Herbert, Berühmte Bremer, München 1972, p. 153. Die Arbeit von Schwarzwälder begreift zwar nichts von der politischen Dimen-

sion Kniefs, sie zeichnet sich aber dadurch aus, daß es Schwarzwälder (meiner Übersicht nach) als einzigem Bearbeiter des Lebens Kniefs möglich war, mit Lotte Kornfeld, der Lebensgefährtin Kniefs von 1916 – 1919, zu sprechen. Dadurch kann er gerade den letzten Lebensabschnitt Kniefs sehr genau rekonstruieren.

(14) Geschäftsbericht der Verwaltungsstelle des Deutschen Metallarbeitervereins für 1910. Stuttgart 1910, p. 688.

(15) Deutsche Metallarbeiter Zeitung, Jg. 1910, Nr. 43, p. 341.

(16) Correspondenzblatt der Generalkommission der Gewerkschaft. Jg. 1910/11.

(17) In einem Brief an Henke beschreibt Knief sein Verhältnis zu Pannekoek und der gemeinsamen Position um 1913: Er sei gegenüber Pannekoek vorsichtig, da dieser kein Historiker sei und daher bei der politökonomischen Analyse bleibe. Doch dabei könne er – Knief – von Pannekoek sehr viel lernen, und er wolle so viel wie möglich von ihm lernen.
Daneben sei es notwendig, gemeinsam die BREMER BÜRGERZEITUNG als das wichtigste Propagandainstrument der Linken auszubauen.

(18) Pannekoek, Anton, Die taktischen Differenzen in der Arbeiterbewegung, Hamburg 1909, p. 95.

(19) dgl., H. Gorter, Organisation und Taktik der proletarischen Revolution. Hg. u. eingl. von Hans Manfred Bock, o.O., ca. 1970, p. 68.

(20) Im 'Internationalen Institut für Sozialgeschichte' (Amsterdam) befindet sich eine vollständige Sammlung der von Anton Pannekoek verfaßten und zum Verkauf an sozialdemokratische Blätter angebotenen 'Korrespondenz'. In: IISG, Nachl. Pannekoek, chronolog. geordnet.

(20a) Schwarzwälder, H., Berühmte Bremer, a.a.O.

(21) Nußbaum (Pseudonym von J. Knief), Zur Jugendfrage. Gedruckt in 'DIE BREMER BÜRGERZEITUNG., Nov. 1915. Und Alfred Nußbaum, Um die Arbeiterjugend,. In: LICHTSTRAHLEN. Berlin, Red. J. Borchardt, vom 30.10.1915.

(22) J. Knief, Brief vom 28.9.1915, in H 99.

(23) Eildermann, a.a.O., p. 265, p. 22, "Knief hatte ein gutes Verhältnis zu den Jugendlichen und nahm oft an Fußwanderungen der Jungen Garde in der Umgebung Bremens teil."

(24) ebd., p. 125.

(25) ebd., p. 320.

(26) Zu Kienthal und Zimmerwald und den dort geführten Auseinandersetzun-
      gen, siehe: Die Zimmerwalder Bewegung. Protokolle und Korrespondenz.
      Hg. Horst Lademacher, 2. Bde., Paris 1967.

(27) Zur Beitragssperre, siehe, Arbeiterpolitik, Wochenschrift für wissenschaft-
      lichen Sozialismus 1916 — 1918, Bremen 1917 (die Zeitschrift ist in der Bre-
      mer Universitätsbibliothek einsehbar) vor allem die Darstellung, Lucas, Er-
      hard, Die Sozialdemokratie in Bremen während des Ersten Weltkrieges. Bre-
      men 1969.

(28) Eildermann, a.a.O., p. 131.

(29) Siehe: die Kriegsakten im Bremer Staatsarchiv, Reg.–Nr. 4, 14/1 Kr. A 13
      Polit.

(30) H 172

(31) Während der Sozialistengesetze wurde das örtliche Parteivermögen in der
      Regel auf Mitglieder des Vorstandes der Sozialdemokratischen Partei über-
      tragen, um es vor dem Zugriff der Polizei zu schützen. Dieses damals ge-
      schaffene Rechtsverhältnis wurde von der von den Parteirechten okkupier-
      ten Parteizentrale zur undemokratischen Enteignung der nicht willfährigen
      Ortsvereine mißbraucht.

(32) Schwarzwälder, H., Berühmte Bremer, a.a.O., p. 158 und p. 185.

(33) Siehe dazu: Lucas, Erhard, Die Sozialdemokratie in Bremen während des
      Ersten Weltkrieges. Bremen 1969.

(34) Schwarzwälder, Berühmte Bremer, a.a.O., S. 184 ff.

(35) Unruh, Peter (Psyd. v. J. Knief), Vom Zusammenbruch des Deutschen Im-
      perialismus bis zum Beginn der proletarischen Revolution. Berlin 1919.

(36) Eildermann, a.a.O., p. 331 f.

(37) ebd., p. 350.

(38) Schwarzwälder, a.a.O., p. 184.

(39) Eildermann, a.a.O., p. 215.

(40) Schwarzwälder, a.a.O., p. 194 f.

(41) ebd.

(42) u.a. ebd., 194 f. und Lucas, a.a.O.

(43) ebd., siehe auch: Kuckuck, Peter, Bremer Linksradikale bzw. Kommunisten von der Militärrevolte im November 1918 bis zum Kapp–Putsch im März 1920. Ihre Politik in der Hansestadt und in den Richtungskämpfen der KPD. Hamburg 1970.

(44) KOMMUNIST, Bremen, Nr. 5, 1. Jg., Dez. 1918.

(45) Weber, Hermann, (Hg.) Der Gründungsparteitag der KPD, Protokoll und Materialien. Ffm., 1969, p. 99 ff. u. p 198.

(46) KOMMUNIST, a.a.O., 1. Jg., 1.12.1918, Nr. 5.

(47) Dokumente und Materialien zur Geschichte der deutschen Arbeiterbewegung. Reihe II, Bd. 2. Nov. 1917 – Dez. 1918, Berlin (O), 1957, p. 690 f.

(48) Nach: Schüddekopf, E., Karl Radek in Berlin, in: ARCHIV FÜR SOZIAL– GESCHICHTE. Hannover, 1962, p. 135.

(49) Schwarzwälder, a.a.O., p. 196

(50) ebd., p. 197.

(51) nach, ebd., p. 198 f.

(52) KOMMUNIST, vom 1.1.1919, 2. Jg., Nr. 1.

Marcel van der Linden

Der "Wilde" Rotterdamer Hafenstreik 1979

Im August und September 1979 fand im Rotterdamer Hafen ein spontaner Streik statt. Dieser Streik war der vorläufig letzte einer langen Reihe. Seit den 1880er Jahren hat es im Rotterdamer Hafen immer wieder harte Arbeitskämpfe gegeben [1]. In diesen Notizen will ich kurz einige Hintergründe und wichtige Aspekte des 79er Streiks beleuchten. Es handelt sich dabei nur um einen sehr bescheidenen Ansatz für weitere Analysen.

1. Kapital und Arbeit im Rotterdamer Hafen

Seit der Mitte der sechziger Jahre hat es im Rotterdamer Hafen eine schnelle Konzentration und Zentralisation von Kapital gegeben. Eine Welle von Fusionen ist ins Rollen gekommen seit dem 1967 erfolgten Zusammenschluß der Pakhuismeesteren und des Blauwhoedenveem, woraus Pakhoed Holding entstanden ist [2]. Es gibt z.Z. eigentlich im traditionellen Stückgutsektor nur noch vier große Hafenkonzerne mit internationalen Verästelungen: Müller Thomsen, Quick Dispatch, Seaport Terminals und Pakhoed. Daneben existieren noch ein paar kleinere Unternehmen, wie Multiterminal, Vijfwinkel usw. Die verschiedenen Kapitalgruppen arbeiten auf zwei Ebenen zusammen. Einmal in direkter wirtschaftlicher Hinsicht (gemeinsame Tochterunternehmen u. dgl.) und einmal in der Unternehmerorganisation Scheepvaartvereiniging Zuid ("Schiffahrtsverein Süd") SVZ. Der SVZ ist Ausdruck einer gewissen politischen und organisatorischen Vereinheitlichung des Hafenkapitals. Er erfüllt zahlreiche administrative Aufgaben wie das registrieren der Löhne, und des Personals, die "Sicherheit" am Arbeitsplatz, Hilfe bei Unfällen, Kontrolle der Arbeiter, die sich krank gemeldet haben usw. Zum SVZ gehört auch die Stiftung der zusammenarbeitenden Hafenbetriebe SHB, die 2000 Arbeiter "besitzt". Diese Arbeiter aus dem SHB–"pool" werden an Unternehmen "ausgeliehen", wodurch die Zahl der festangestellten Arbeiter reduziert werden kann. Der SVZ ist auch der Verhandlungspartner der Gewerkschaften. Er vertritt in politisch–wirtschaftlicher Hinsicht den Konsensus wie er beim Hafenkapital herrscht. Der SVZ unterschreibt die Tarifverträge, die verbindlich sind für alle Hafenkapitale.

Während also das Hafenkapital einen relativ hochentwickelten wirtschaftlichen und politischen Organisationsgrad hat, sind die ca. 13.000 Hafenarbeiter in mehrerer Hinsicht zersplittert. Erstens sind die Hafenarbeiter über drei Sektoren verteilt, in denen das Kapital eine unterschiedliche wirtschaftliche Stärke und organische Zusammensetzung hat und in denen auch die Arbeitsbedingungen, die Löhne und die ökonomischen Perspektiven differieren. Diese Sektoren sind folgende (3).

* Das Stückgut. Dies ist für unseren Zusammenhang der wichtigste Sektor. Er umfaßt alle Waren, die in Säcke, Kisten, Pakete usw. – also in verpackter Form – verladen werden. Die Arbeiter müssen dafür sorgen, daß die Güter gebündelt werden. Ein Kran bringt die Ladung dann an die richtige Stelle. In dem bereitliegenden Schiff müssen die Güter verstaut werden, damit sie nicht unterwegs verrutschen. Wenn die Ladung in Rotterdam bleibt, müssen die Güter in Schuppen geschafft werden. Von den Arbeitern wird vor allem Muskelkraft gefordert. Ballen mit einem Gewicht von 100 bis 200 kg sind keine Ausnahme. Die zu verladenen Güter sind immer wieder verschieden, haben wechselnde Masse und Formen. Manchmal wird in Gefrierräumen mit Temperaturen unter Null gearbeitet. Die Arbeit ist oft schmutzig (z.B. nasse Felle oder Maiskuchen, die Ungeziefer enthalten), sie muß bei jeder Wetterlage gemacht werden und ist gefährlich. Im Jahre 1978 hatten ca. 11 Prozent der Hafenarbeiter einen Unfall mit mehr als drei Tagen Versäumnis. Auch Todesfälle als Folge fallender oder rutschender Ladung gibt es regelmäßig (5 Fälle 1978).

Die Arbeiter arbeiten normalerweise in festen Gruppen, die aus 8 bis 12 Stauern ("putgasten") bestehen.Hinzu kommt der Bootsmeister ("botenbaas") mit seinem Assistenten ("kras"). Bis vor einigen Jahren konnten die Stauer, der Bootsmeister und sein Assistent noch einigermaßen selbstständig ihre Arbeit bestimmen. In letzter Zeit ist diese Möglichkeit weiter abgebaut worden. Der Einfluß des Inspektors, der im Kontor sitzt und genaue Anweisungen gibt, auf den Arbeitsprozeß ist gewachsen.

Es wird in Zyklen gearbeitet. Die meisten Arbeiter im Stückgutsektor benutzen den D–Zyklus, d.h. sie arbeiten zwei Wochen tagsüber von 7.30 bis ungefähr 16.00 Uhr, dann eine Woche von 16.00 bis 0.45 Uhr und zwischendurch einmal in drei Wochen Samstags. Obwohl es auf

Grund der Tarifverträge nicht erlaubt ist, wird überall mit dem "Fertig-nach-Hause"-System gearbeitet: die Schicht darf nach Hause, wenn eine bestimmte vorgegebene Menge verstaut worden ist. Genau wie bei dem Akkordsystem wird die Arbeitsnorm regelmäßig erhöht und damit auch das Tempo. Eine besondere Temposteigerung kommt noch dadurch hinzu, daß die zahlreichen Pendler nach Hause wollen bevor die Hauptverkehrszeit anfängt. Die Löhne der Stückgutarbeiter sind – da es sich um unqualifizierte Arbeit handelt – niedrig.

* **Das Massengut.** Hierzu gehören alle Waren, die ohne Verpackung verladen werden (Getreide, Erze, chemische Stoffe). Die Stoffe werden mit Elevatoren oder Greifern aus dem Schiff geholt und mittels einer pipe-line oder eines laufenden Bandes zum nächsten Schiff transportiert. Ein Computer überwacht die Güterströme. Die Arbeit ist oft sehr staubig. Sie wird in 3 Schichten und an 5 Tagen pro Woche gemacht (sogenannte halbkontinuierliche Arbeit). Auch hier gibt es das "Fertig-nach-Hause"-System. Die Schichten umfassen weniger Personen als im Stückgut. Man erwartet, daß sie in Folge der zunehmenden Automatisierung in Zukunft noch kleiner werden. Die Arbeit ist relativ unqualifiziert, der Lohn ist etwas höher als im Stückgutsektor.

* **Container.** Dies sind große Metallkisten, worin die Waren verpackt sind, die jedoch beim Verladen im Container bleiben. Die Gleichförmigkeit der Container ermöglicht ein sehr schnelles Löschen mit Hilfe der Kräne. Der Kontrolleur bekommt vom Computer Informationen über angekommene Container. Große Lastkraftwagen (sogenannte Van-Carriers) transportieren den Container zum Umschlagplatz. Von dort wird der Container mit der Bahn, mit Lastern oder Schiffen weiterbefördert. Wegen des hohen Automatisierungsgrades sind beim Containerumschlag nur wenig Arbeiter beschäftigt. Gearbeitet wird in 4 Schichten rund um die Uhr, auch an Wochenenden. Ein "Fertig-nach-Hause"-System gibt es hier nicht. Die Arbeit ist in hohem Maße individualisiert. Jeder Arbeiter hat eine sehr spezifische Aufgabe, die viel Konzentration erfordert. Die Aufgaben stehen fest, selbstständig Entscheidungen zu treffen, ist fast unmöglich. Trotzdem ist die Arbeit einigermaßen qualifiziert und der Arbeitslohn relativ hoch.

Die verschiedenen Sektoren entwickeln sich ungleichmäßig. [4] Während der Stückgutsektor stagniert, wächst vor allem der Containersektor sehr schnell.

Umschlag in Millionen Tonnen (Ohne Öle und feste Brennstoffe) [5]

	1970	1975	1978
Stückgut	26	25	14
Massengut	53	65	70
Container	3	8	16,5

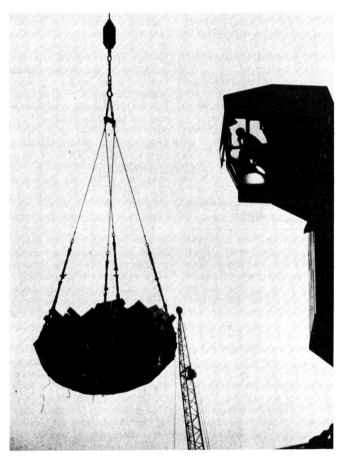

„Da dürfen nur 2800 Kilo in so ein Netz, doch sie werfen meist das Doppelte hinein."

Gleichzeitig beschäftigt der Stückgutsektor bei weitem die meisten Arbeiter (1978: 9 200), in Vergleich zum Containersektor (1978: 1000 Personen) und zum Massengutsektor (1978: 3000 Personen). Diese Schwäche des Stückgutsektors ist für das Verständnis der Entwicklung des Hafenstreiks von großer Bedeutung.

Hinzu kommt, daß die Hafenarbeiter geografisch stark gespalten sind. Siebzig Prozent sind Pendler. Sie wohnen zum größten Teil in den umliegenden Provinzen Zeeland, Brabant, Gelderland und in der direkten Umgebung Rotterdams. Ihre Kontakte untereinander und mit den Rotterdamern sind schwach entwickelt. (Alle Pendler werden von den Rotterdamern "Bauern" genannt).

Darüberhinaus sind die Hafenarbeiter – sofern sie gewerkschaftlich organisiert sind – auf vier Gewerkschaften verteilt. Die bei weitem wichtigste Gewerkschaft ist die Vervoersbonden–FNV. Ungefähr 4500 Hafenarbeiter sind in ihr organisiert. Die sozialdemokratisch geführte Vervoersbonden besitzen eine sehr bürokratische Struktur, in der die Mitglieder auch formal nur eine beratende Stimme haben. Daneben gibt es drei kleine Gewerkschaften: das konservative CNV (ca. 200 Hafenarbeiter), das mehr oder weniger syndikalistische OVB (bei Anfang des Streiks ca. 500 Mitglieder, während der Kämpfe jedoch um ein paar hundert Mitglieder gewachsen) und das nur im Hafen existierende FHV (ca. 1000 Hafenarbeiter). CNV und Vervoersbonden–FNV sind von Staat und Unternehmern offiziell als Gewerkschaften anerkannt, OVB und FHV jedoch nicht. Die Tarifverträge werden mit den anerkannten Gewerkschaften verhandelt.

Schließlich sind die Hafenarbeiter verschiedenen Tarifverträgen unterworfen. Während es vor einigen Jahren noch einen Tarifvertrag für den ganzen Hafen gab, hat es in der letzten Zeit eine fortschreitende Zersplitterung gegeben. In den drei Sektoren des Hafens werden jetzt unterschiedliche Tarifverträge abgeschlossen. Der Vertrag für das Stückgut fungiert dabei als Ausgangsbasis für die beiden anderen Sektoren. Auch innerhalb der verschiedenen Sektoren gibt es dann wieder mehrere Tarifverträge. So gibt es zum Beispiel einen speziellen Tarifvertrag für Getreide im Massengutsektor. Der Getreidetarifvertrag ist wiederum für diejenigen anders die tagsüber arbeiten, wieder anders für die halbkontinuierlich Arbeitenden usw.

Protokoll. Ein älterer Hafenarbeiter:
"Auch früher gab es natürlich schon Pendler, aber viel weniger als jetzt.

Früher war der Gegensatz zwischen den Rotterdamern und den Pendlern größer als heutzutage. Viele Pendler besaßen noch ein Grundstück. Oft waren sie sehr religiös, zum Beispiel die 'Reformierten' in Zeeland. Die beteiligten sich kaum an Kämpfen.

Es gibt jetzt noch immer einen Gegensatz zwischen den Rotterdamern und den Pendlern, aber jetzt streiken alle (...). Wohl ist es so, daß die Einheit der Rotterdamer Arbeiter untereinander früher größer war. Es gibt jetzt an allen Punkten mehr Uneinigkeit (...). Z.B. auch zwischen den Arbeitern die bei dem Containerumschlag und im Massengutsektor arbeiten, und den Arbeitern im Stückgutsektor. Alle Arbeiter im Hafen haben andere Interessen, so ungefähr jeder Arbeiter hat seinen eigenen Tarifvertrag, eigene Gewerkschaftsversammlungen usw. Früher war das anders: Da gab es nur Hafenarbeiter. Container und Massengut gab es kaum. (...) Die Einheit der Arbeiter früher, das war noch ganz anders. Alle Hafenarbeiter wohnten zusammen, in e i n e m Viertel, alle kannten einander; gingen zur Kneipe an der Ecke. Man lebt jetzt viel isolierter."

2. Vorgeschichte des Streiks

Der Hafenstreik 1979 ist nur verständlich wenn man ihn im Zusammenhang mit den Erfahrungen der Arbeiter in den vorangegangenen Jahren sieht. Diese Erfahrungen konzentrieren sich im wesentlichen auf drei Schwerpunkte.

Die erste wichtige Erfahrung umfaßt die immer drückender werdenden Folgen der wirtschaftlichen Entwicklung (Abbau des Stückgutsektors, Preissteigerungen, soziale Unsicherheit). Seit 1975 hatten Staat und Unternehmer unter dem Einfluß der kapitalitischen Krise eine sich allmählich verschärfende Austerity—Politik entwickelt. Auf der Regierungsebene waren es das sozialdemokratisch geführte Kabinett Den Uyl (bis 1977) und dann das christlich—liberale Kabinett Van Agt, die in andauernd wachsendem Umfang die Sozialversicherungen angriffen und die Löhne zu senken versuchten. Es ist hier nicht der richtige Ort dies genau zu belegen, aber man kann davon ausgehen, daß seit der Mitte der siebziger Jahre das Einkommen der niederländischen Arbeiter real herabgesetzt worden ist. Die zweite Erfahrung steht im Zusammenhang mit der wenig kämpferischen Haltung der Gewerkschaftsleitung bei der Bekämpfung der immer schlechter werdenden Lebensverhältnisse. Bereits im Februar 1977 hatte es einen, für die damaligen niederländischen Verhältnisse ziemlich umfangreichen, von der Gewerkschaftsleitung geführten Streik gegen den Kaufkraftverlust gegeben [6], während dem eine Reihe sorgfältig ausgewählter Betriebe (sogenannte"Speerspitzen") für unbestimmte Zeit stillgelegt wurden. Die Zahl der Speerspitzen konnte dabei allmählich vergrößert werden. Mit dieser Taktik blieb der Arbeitskampf unter der Kontrolle der Gewerkschaftsleitung und der Umfang der auszuzahlenden Streikgelder blieb beschränkt. Eines der wichtigsten Kriterien bei der Auswahl der "Speerspitzen" war der Prozentsatz gewerkschaftlich organisierter Arbeiter. Der Streik wurde deshalb in den Industrien, wo Molkerei–Produkte und Fleischwaren hergestellt werden,begonnen(60 bis 70 % der Arbeiter waren hier organisiert), in der Druckindustrie (wo der Organisationsgrad wegen des closed–shop–Systems 100 % ist), bei ausgewählten Bau–Objekten und schließlich in den Häfen von Rotterdam und Amsterdam, wo insgesamt ca. 60 % organisiert waren. Sehr schnell stellte sich dabei heraus, daß die Hafenstreiks eine eigene Dynamik entfalteten, die es bei den Arbeitskämpfen an anderen Orten nicht gab. Am deutlichsten zeigte dies die praktizierte "Überfallstrategie"; das heißt, daß alle Streiks ohne vorhergehende Ankündigung in Gang gesetzt wurden. Nach dem Streikbeginn (Montag, den 7. Februar) wurde er langsam ausgedehnt, bis schließlich ein paar tausend Arbeiter die Arbeit niedergelegt hatten. Erst in der dritten Streikwoche, als die anderen Streiks fast alle schon beendet waren und es einigermaßen akzeptable Verhandlungsresultate gab, ginge auch die Hafenarbeiter wieder an die Arbeit. [7] Trotz der Verhandlungsresultate waren viele Hafenarbeiter über die Art, wie der Streik organisiert worden war, unzufrieden. Die angewandte Taktik hatte zur Folge, daß die Arbeiter in den "Speerspitzen" sich bereits Wochen vorher bereit erklären mußten eventuell streiken zu wollen, während sie bis zuletzt nicht wußten, ob sie irgendwann auch wirklich streiken würden. Die Stimmung in den Betrieben wurde dadurch angespannt und nervös, und die Arbeiter bekamen das Bewußtsein ihre Stärke nicht oder nur ungenügend zeigen zu können. Dieses Bewußtsein der Arbeiter, es hätte härter gekämpft und so mehr erreicht werden können, blieb auch in der nächsten Zeit bestehen.

Die dritte Erfahrung basiert auf dem in dem großen "wilden" Streik von 1970 gewonnenen Bewußtsein, daß es, wenn nötig, möglich ist, auch ohne gewerkschaftliche Unterstützung einen Arbeitskampf zu beginnen.

Diese drei Erfahrungen bildeten 1979 in ihrem Zusammenhang eine explosive Mischung. Nur die Zündung fehlte noch.

Unmittelbar nach den Sommerferien 1978 organisierte der FNV Mitgliederversammlungen, in denen die Verhandlungsziele für die Tarifverträge 1979 besprochen wurden. Die Vorschläge der Gewerkschaft beinhalteten, daß genau wie in den vorangegangenen Jahren keine Lohnerhöhungen gefordert werden sollten, was effektiv wegen der Inflation eine Verringerung des Lohnes bedeuten würde. Zwar wollte die FNV—Führung jetzt eine Verkürzung der Arbeitszeit fordern, aber es gab starke Zweifel ob sie dafür tatsächlich kämpfen würde. So kam es, daß der Distrikt West der Vervoersbonden—FNV, zu dem auch der Rotterdamer Hafen gehört, die Vorschläge verwarf. Als Forderungen schlugen die Mitglieder vor:

1. Eine Netto Lohnerhöhung von Hfl 30,-- pro Woche.
2. Pensionierung mit 60 Jahren
3. 35—Stundenwoche in den vollkontinuierlich arbeitenden Betrieben.
4. 25 Ferientage
5. Wiederherstellung der vollständigen Preiskompensation (d.h. Anpassung der Löhne an die Preissteigerungen). (8)

Diese Forderungen wurden von der großen Mehrheit der Hafenarbeiter als gerecht empfunden. Als die Gewerkschaftsführung trotzdem versuchte, die Forderungen zu "vergessen", wurde am 27. November ein Aktionskomitee der Rotterdamer Hafenarbeiter (ARH) gegründet. Das ARH wurde stark beeinflußt von der kommunistischen Partei CPN. (9) Der ARH—Vorsitzende Flip Schults und der Sekretär waren prominente CPN—Mitlieder.

Der Druck aus der Gewerkschaftsbasis führte dazu, daß nicht nur die Mitgliederversammlung der Vervoersbonden—FNV sondern auch der "Gruppenrat" — ein höheres gewerkschaftliches Gremium — die neuen Forderungen unterstützten. Die zentrale Gewerkschaftsbürokratie fügte sich jedoch nicht und machte auf diese Weise deutlich, daß die Mitgliederversammlungen eigentlich nur eine Farce waren.

Inzwischen war es bereits 1979 und der Tarifvertrag, der am 1. Januar in Kraft hätte treten sollen, war noch immer nicht da. Erst am 3. April erreichte die Leitung der Vervoersbonden—FNV "Resultate" bei den Verhandlungen mit den Unternehmern: die 35—Stundenwoche war in dem Entwurf des Tarifvertrages nicht mehr auffindbar, die Löhne sollten um Hfl 20,- brutto pro Monat (!) erhöht werden, es sollte 23 Ferientage und Pensionierung ab 63 Jahre geben. Am 9. April wies der bereits genannte "Gruppenrat" die Verhandlungsresultate zurück, weil sie ungenügend seien (83 von ungefähr 100 Stimmen). Die zentrale Gewerkschaftsleitung weigerte sich, diese Entscheidung zu respektieren. Sie wollte ihre Position auf andere Art durchsetzen. Deshalb erklärte sie am 13. April, daß sie eine Abstimmung unter allen ihren 14.000 Mitgliedern in Rotterdam (innerhalb und außerhalb des Hafens) abhalten wolle. Aus Protest gegen diese Entscheidung gab es eine Demonstration an der sich ein paar hundert Arbeiter beteiligten. Auch gab es Warnstreiks bei Pakhoed Waalhaven, Seaport Terminals und anderen Betrieben.

Am 2. Mai wurde bekannt, daß 70 % der Rotterdamer Gewerkschaftsmitglieder sich an der Abstimmung beteiligt hatten (ein relativ hoher Prozentsatz) und daß 55 % gegen den vorgeschlagenen Tarifvertrag gestimmt hatten. Die zentrale Gewerkschaftsleitung war nun eigentlich gezwungen, die Verhandlungen mit den Unternehmern wieder zu eröffnen. Sie machte jedoch klar, daß sie nicht auf der Grundlage der Forderungen des ARH, sondern nur im Rahmen der nationalen Gewerkschaftsstrategie (keine Lohnforderungen, dafür aber mehr Arbeitsplätze) verhandeln wolle. Am 29. Juni teilten die Unternehmer mit, daß sie überhaupt nicht mehr verhandeln wollten. Es wäre ihnen, sagten sie, nicht möglich, weitere Konzessionen zu machen.

In dieser Pattsituation zögerte die Gewerkschaftsleitung lange zu reagieren. Am 20. Juli machte sie bekannt, daß sie untersuchen wolle, ob die Mitglieder bereit seien, für die Forderungen zu kämpfen (natürlich nicht für die Forderungen des ARH, sondern für die Forderungen der Gewerkschaft: kürzere Arbeitszeit und 23 Ferientage). Ende August – die Sommerferien waren vorbei – war noch immer nichts geschehen. Die Hafenarbeiter wurden jetzt sehr ungeduldig. Da es noch immer keinen Tarifvertrag gab, waren die Löhne bereits 3 Prozent hinter den Preissteigerungen zurückgeblieben. Fast alle Arbeiter hatten dringend Geld nötig, da sie gerade in den Ferien gewesen waren. Am 24. August wurde deshalb bei Kroonvlag von radikalen Arbeitern (links vom ARH) ein Streik vorbereitet. Zu dieser Zeit (Ende August) hatte es bereits einen Streik in der Fleischwarenindustrie gegeben, wo die Arbeiter nach einem kurzen Streik eine Lohnerhöhung erzwungen hatten. Direkt danach folgte am 23. August die Nachricht, daß die Rotterdamer Schlepper des Unternehmens Smit–Internationale (500 Arbeiter) "wild" für eine Lohnerhöhung, die nicht in ihrem bereits rechtsgültigen Tarifvertrag vorgesehen war, streikten. Die Direktion von Smit–Internationale hatte als Reaktion darauf 16 "Streikführer" vor Gericht verklagt. Am Montag, den 27. August erklärte das Gericht den Streik der Schlepper für unrechtmäßig und forderte die 16 angeklagten Arbeiter dazu auf "auf der Stelle" wieder an die Arbeit zu gehen. Würden sie dies verweigern, so müßten sie ein Zwangsgeld von Hfl 500,-- pro Tag zahlen. (Der Streik der Schlepper wurde durch diesen Richterspruch nicht gebrochen. Der Kampf wurde bis zum 15. Oktober fortgesetzt und endete mit einem Teilsieg).

3. Organisation des Streiks (10)

Am Montag, den 27. August begann der "wilde" Hafenstreik. Bevor ich seine weitere Entwicklung beschreibe, ist es notwendig, erst einige politisch–organisatorische Aspekte zu skizzieren. Während der ersten vier Tage bildete sich nämlich eine Entscheidungs– und Informationsstruktur heraus, die für den weiteren Kampf sehr wichtig wurde.

Nach einem kurzen Konkurrenzkampf zwischen zwei Gruppen, die beide Einfluß unter den Hafenarbeitern hatten, bildete sich unter dem Druck der Hafenarbeiter **eine** gemeinschaftliche Streikleitung heraus. Es ist wichtig, diesen Prozeß genauer zu schildern, da er uns über das Einheitsbewußtsein der Arbeiter etwas sagt. Bereits erwähnt wurde das

Beinahe jeden Morgen halten die Hafenarbeiter auf dem ‚Afrikaander'-Platz eine Versammlung ab.

ARH; dieses Komitee wollte erst nichts von einem Streik wissen und seine wichtigsten Mitglieder (Flip Schults u.a.) gingen am Montag noch zur Arbeit. Links vom ARH bildete sich deshalb eine informelle Gruppe von radikaleren Arbeitern, die am Dienstagmorgen in den Betrieben ein Flugblatt mit dem Titel "Und nun weitermachen wie '70" verteilten; das Flugblatt enthielt Informationen über den begonnenen Streik und einen Aufruf, um 14.00 Uhr auf dem Afrikaanderplatz eine Streikleitung zu wählen. An diesem Dienstagmorgen rührte sich auch zum ersten

Mal das ARH. Es rief zu einer Versammlung auf dem Afrikaanderplatz um 10.00 Uhr auf. Diese zweite Initiative durchkreutzte natürlich die erste. Während des 10–Uhr–Meetings auf dem Afrikaanderplatz entstanden Diskussionen, als einige Arbeiter eine Streikleitung wählen wollten. Das ARH suchte eine derartige Wahl zu verhindern und konnte schließlich seinen Standpunkt durchsetzen. Es wurde deshalb nur eine Demonstration zum Gebäude des SVZ durchgeführt. Dort präsentierten sich vier CPN–Mitglieder als Streikführung. Sie betraten das Gebäude und überreichten die Forderungen der Menge. Als sie wieder zurückkamen, teilte Schults mit, daß die Demonstration nun beendet sei und jeder wieder nach Hause gehen könne. Nach diesen Worten von Schults gab es ein lautes Gejohle. Kein Arbeiter ging nach Hause. Von verschiedenen Seiten wurde gerufen, daß eine Streikleitung gebildet werden solle und daß Streikposten organisiert werden müßten. Schults versuchte die Leute zu "beruhigen" und schlug vor, die Demonstration bis zum Gebäude der Vervoersbonden–FNV fortzusetzen. Darauf stieg er mit einigen anderen ARH–Mitgliedern in ein Auto und fuhr ein paar Meter. Niemand folgte ihm. Schults kehrte dann zurück, und sah sich gezwungen den radikalen Arbeitern Jim Stavinga und Paul Rosemüller das Mikrophon zu überreichen. Stavinga schlug vor, daß aus jedem Betrieb die aktivsten Leute für die Streikleitung delegiert werden sollten. Es wurde dennoch keine Streikleitung gewählt, unter anderem weil der Ort dafür nicht sehr geeignet war. Die Situation war unklar und verwirrt. Schults machte davon Gebrauch und konnte die Menge nun doch noch dazu bewegen die Demonstration bis zum Gewerkschaftsgebäude fortzusetzen. Dort angekommen, wiederholte sich der Konflikt zwischen dem ARH und anderen Arbeitern. Wieder wollte Schults mit ein paar Gesinnungsgenossen alleine das Gebäude betreten. Und wieder gab es ein lautes Gejohle. Die Menge wollte, daß auch Jim Stavinga mitgehen sollte und schubste ihn hinein. Als die Delegation zurückkehrte, schien es wieder zu einer Diskussion zu kommen. Schults verhinderte dies, indem er das Mikrophon mitnahm und verschwand (11).

Am nächsten Tag, Mittwoch, machte die informelle Gruppe von radikalen Arbeitern (Stavinga u.a.) dem ARH deutlich, daß sie unbedingt eine demokratisch gewählte Streikleitung wollte. Das ARH, dessen Einfluß unter den Arbeitern relativ gering war, mußte nachgeben. Abends wurde eine einheitliche Streikleitung gebildet (das Gezamenlijk Aktie-Komite GAK) aus Betriebsdelegationen; insgesamt 78 Arbeitern. Vorsitzender des Komitees wurde Georg Klaassen, Sprecher wurden Flip Schults und Jim Stavinga. Innerhalb des GAKs bestanden weiterhin Kontroversen, die manchmal so beherrschend wurden, daß Stavinga das

Komitee mit einem "Sack voller Flöhe" verglich. Permanent versuchten die ehemaligen ARH—Mitglieder den Streik zu entradikalisieren,während der radikale Flügel in die entgegengesetzte Richtung arbeiten wollte. Da der Streik ohne gewerkschaftliche Unterstützung stattfand, mußten selbstständig neue Kommunikationsstrukturen entwickelt werden. Seit dem 30. August — an dem das GAK zum ersten Mal öffentlich auftrat — wurde an jedem Wochentag morgens früh eine allgemeine Versammlung mit einem "Guten Morgen, Männer", Dann sprach Flip Schults. Es folgte Bertus van der Horst, der auf humorvolle Art die verfälschenden Berichte der Massenmedien und die Haltung der Gewerkschaftsleitung kritisierte. Zum Schluß kam dann noch Jim Stavinga. Bei den Zusammenkünften auf dem Afrikaanderplatz wurde kaum diskutiert, das Ganze war ein ziemlich einseitiger Prozeß, wobei tausend Arbeiter über die Standpunkte der Streikführung informiert wurden und ab und zu über wichtige Entscheidungen abstimmten. Die Streikführung handelte als relativ verselbständigtes Organ für die Arbeiter. Die Versammlungen auf dem Afrikaanderplatz hatten verschiedene Funktionen: sie sollten informativ sein (wie entwickelt sich ein Streik in Rotterdam und anderswo? Was tut die Gewerkschaftsführung? Wie verhalten sich die Unternehmer?), wichtige Entscheidungen treffen, aber auch die Arbeiter jeden Tag aufs neue ermutigen — dies wurde umso notwenidger, da der Streik große finanzielle Opfer von den Arbeitern und ihren Familien forderte. Außerdem wurde von der Sozialdemokratie, der Gewerkschaftsspitze, den Unternehmern und den Massenmedien eine ideologische Offensive gegen den Streik begonnen; Tendenz: die Hafenarbeiter würden die Austerity—Politik untergraben und damit den "Wohlstand" gefährden. Den gleichen Zwecken (Information, Ermutigung) dienten die regelmäßig von den Streikführern herausgegebenen "Streiknachrichten", die in vielen tausend Exemplaren verbreitet wurden. Am Donnerstag, den 30. August wurde ein Solidaritätskomitee gegründet, das u.a. zum Ziel hatte, Geld für die streikenden Arbeiter zu sammeln (bis zum 26. September Hfl 85.000,--), Informationen für ausländische Arbeiter herauszugeben und die Rotterdamer Innenstadt mit Wandzeitungen zu versorgen. Eine sehr wichtige Aufgabe des Komitees war die Arbeit unter den Frauen der Hafenarbeiter. In einer Erklärung vom 15. September schrieb das Solidaritätskomitee: "Von Anfang an hat das Komitee es als eine wichtige Aufgabe angesehen, die Frauen der Streikenden in die Solidaritätsarbeit einzubeziehen. Die Frauen haben es immer schon schwer gehabt. Die Schichtarbeit der Männer erschwert den Frauen den Haushalt und die Erziehung der Kinder. Und das bei einem geringen Einkommen. Es sind die Frauen, die während des Streiks isoliert die Probleme und Spannungen ertragen müssen. Indem die Hafenarbeiter sich organisieren, können diese "Dinge" von ihnen zusammen beeinflußt werden und es könnte nach Lösungen gesucht werden. Bis jetzt beteiligen sich mehr als 40 Frauen bei den Aktivitäten des Komitees. Täglich kommen mehr Frauen, die uns helfen bei der Versorgung der Streikposten an den Betriebstoren: mit Kaffee, Brot und Suppe. Auch werden selbstständige Aktivitäten durch die Frauen organisiert. So gibt es an jedem Morgen einen Kindergarten im "Buurthuis" (12) "De Putsebocht". Dadurch haben die Frauen die Möglichkeit, selbst etwas zu unternehmen, damit der Streik ein Erfolg wird. Auch sind die Frauen dann mehr in der Lage, gemeinschaftlich über den Streik und ihre eigene Position als Frau zu reden" (13).

Protokoll. Die Frau eines Hafenarbeiters:
"Erst kamen Frauen zum Afrikaanderplatz. Am Ende der ersten Streikwoche haben wir mit Hilfe des Solidaritätskomitees ein Flugblatt gemacht, um die Frauen zu einer Versammlung am Sonntagmittag aufzurufen. Es kamen dann so 10, 15 Frauen. Mit dieser Gruppe sind wir aktiv geworden. Jeden Morgen besuchten wir den Afrikaanderplatz und diskutierten viel mit anderen Frauen (...). Wir versuchten auch die Frauen durch die Männer zu erreichen. Aber viele Männer sagten: "Was haben die denn damit zu tun" und auch wurde gesagt: "Wir arbeiten im Hafen. Bleibt ihr man zuhause." Und da mußten wir dann gegen ankämpfen".

Frauen der Hafenarbeiter

Ein letzter wichtiger organisatorischer Aspekt des Streiks waren die sogenannten "Putzkolonnen" ("Dweilploegen"). Dies waren Gruppen von ca. 150 Arbeitern, die (a) täglich alle Betriebe, wo die Belegschaften für den Streik gestimmt hatten, besuchten, um Arbeitswillige zu entfernen und (b) versuchten durch Überzeugnungsarbeit den (noch) nicht bestreikten Unternehmen, Belegschaften zum Streik zu bewegen.

4. Entwicklung des Streiks

Der "wilde" Hafenstreik läßt sich in drei Phasen unterteilen.
Erste Phase: Unter dem Druck des sich ausbreitenden Streiks werden die Verhandlungen zwischen Gewerkschaft und Unternehmern wieder aufgenommen. Der daraus entstandene Entwurf eines Tarifvertrages wird von den Hafenarbeitern zurückgewiesen.
Nachdem der Streik am Montag, dem 27. August, begonnen war, lag bereits am Dienstag der ganze Stückgutsektor still. An diesem selben Tag riefen auch die Arbeiter von drei Unternehmen im Massengutsektor zu einem 24–Stunden–Streik auf. Mehr als tausend Arbeiter zogen demonstrativ – wie bereits erwähnt – durch die Innenstadt zum Gebäude der Hafenunternehmer. Dabei kamen sie auch entlang der Willemskade, wo die Boote der streikenden Schlepper lagen. Die demonstrierenden Hafenarbeiter wurden mit einem Hupkonzert der Schlepper begrüßt. Die Vervoersbonden–FNV verbreiteten ungefähr zur gleichen Zeit im Hafen ein Flugblatt, worin sie ihre Mitglieder dazu aufriefen, nicht zu streiken und noch ein paar Tage Geduld zu üben, da am kommenden Freitag der Standpunkt der Gewerkschaftsführung über die Tarifverhandlungen bekannt sein würde. Inzwischen breitete der Streik sich weiter aus. Am Mittwoch, dem 29. August, gab es 24–Stunden–Streiks im Amsterdamer Hafen bei den Betrieben Houtveen,VCK,Pakhoed,CTA und Müller. Am Donnerstag, dem 30. August, wurde in Rotterdam auch das Container–Unternehmen Unitcentre bestreikt. Unter dem Druck dieser rapiden Entwicklung machte die Leitung der Vervoersbonden – FNV am Donnerstag bekannt, daß sie erneut und mit einem neuen Forderungskatalog mit den Unternehmern verhandeln wolle. Die neuen Forderungen waren:Pensionierung mit 62 Jahren,ein extra Ferientag für 1979 und eine durch komplizierte Berechnungen zu Stande gebrachte Brutto–Lohnerhöhung von Hfl 28,50 pro Woche. Gleichzeitig stellte die Gewerkschaftsführung den Unternehmern ein Ultimatum: am Dienstag,dem 4.September,um 17.00 Uhr müßte es klare Verhandlungsresultate geben. Am Freitag, den 31. August wurden die gewerkschaftlichen Vorschläge auf dem Afrikaanderplatz diskutiert. Die dort anwesenden Arbeiter waren sich darin einig, daß die Forderungen nicht genügten.

Fast symbolisch entschieden sich am selben Tag auch die Arbeiter von ECT, dem größten Container—Unternehmen Europas, zu einem 24—Stunden—Streik. Trotz der ablehnenden Haltung der Streikenden verhandelten SVZ und Vervoersbonden—FNV am Wochenende über die neuen Forderungen.Am Montag,dem 3. September,(dem Anfang der zweiten Streikwoche) ging auch die Belegschaft der Getreide—Elevator—Gesellschaft GEM zum Streik über. Am Dienstag — der Tag an dem das gewerkschaftliche Ultimatum an den SVZ ablief — zogen ca. 2000 demonstrierende Hafenarbeiter durch die Rotterdamer Innenstadt. Sie besuchten die Gebäude vom SVZ und den Vervoersbonden—FNV. Bei den Vervoersbonden—FNV waren es vor allem die Frauen der Hafenarbeiter, die riefen: "öffnet die Streikkassen". Eine Gruppe von Streikenden besetzte das SHB—Gebäude, damit verhindert würde, daß der SHB — der ja Arbeiter "ausleiht" — als Streikbrecher fungierten könnte.

Protokoll. Ein Bestzer des SHB—Gebäudes:
"Auf alle möglichen Weisen hat die SHB—Direktion versucht, die Leute wieder arbeiten zu lassen. Zum Beispiel wurde eine Anzahl von Kleinbussen mit Arbeitswilligen gleichzeitig zu einem Betrieb geschickt, wo man vermutete, daß die Streikposten schwach wären. Pendlern wurde vom Busältesten gesagt: "Wir gehen wieder an die Arbeit". Die Chauffeure wurden unter Druck gesetzt, damit sie ihre Leute davon überzeugen würden, daß es besser sei, wieder an die Arbeit zu gehen.
Die Direktion benutzte geschickt die Tatsache, daß die Pendler zu Hause oft schwierig vom Aktionskomitee erreicht werden konnten. Information über den Streik bekamen sie meistens durch Rundfunk und Fernsehen, oder aus den Zeitungen. Und wir wußten, daß die Information nicht sehr oft stimmte. Trotzdem blieb die Anzahl der Streikbrecher klein (...).
Um die Streikbrecheraktivitäten, die der SHB mit einigen Pendlern und Rotterdamern ausführte, zu untergraben, ist dann am Dienstagabend den 4. Sptember das Gebäude an der Westzeedijk besetzt worden. Ungefähr 16 Mann wurden zusammengetrommelt, der Portier wurde auf die Straße gesetzt, und der Schießverein, der im ersten Stock übte, wurde freundlich doch dringend gebeten, das Gebäude zu verlassen. Der Portier durfte später wieder hereinkommen. Die Türen wurden mit Tischen verbarrikadiert und hinter den Fenster wurden Papiere mit "BESETZT" geklebt. Später ist das auch an die Wand gemalt worden.
Tagsüber wurde es ein Fest. Hafenarbeiter, die mit der Frage "Wie ist es mit der Arbeit?" anriefen, bekamen als Antwort "Wir streiken noch!". Wir schickten sie zum Afrikaanderplatz. Es gab Augenblicke,

wo im Zimmer für Stauer 5 Mann gleichzeitig an den Telefonen saßen.
Das SHB−Gebäude war eigentlich unser Posten (...)".

Am Dienstagmorgen begannen in Utrecht die innergewerkschaftlichen
Diskussionen über die Verhandlungen mit den Hafenunternehmern. Der
Gewerkschaftsunterhändler Van Eldik und die Gruppenleitung der Häfen (ein niederes Gremium) waren sich darin einig, daß die genannten
Forderungen das absolute Minimum bildeten. Die meisten Mitglieder
der Gruppenleitung waren der Meinung, daß die geforderte Lohnerhöhung von Hfl 28,50 brutto pro Woche rückwirkende Kraft haben
müßte und ab 1. Januar 1979 laufen sollte. Van Eldik schloß nach dieser Besprechung einen Tarifvertragsentwurf mit dem SVZ ab, der
abends über das Fernsehen bekannt gegeben wurde: Hfl 28,50 brutto
Lohnerhöhung ab 1. Juli 1979 und nicht ab 1. Januar. In der geheimen
Besprechung mit den Unternehmern hatte Van Eldik zugesagt, daß er
bestimmt nicht nochmals mit neuen Forderungen kommen würde, daß
er den "wilden" Streik niemals unterstützen würde und daß die Streikkassen geschlossen bleiben würden. Gegenüber der Gruppenleitung hatte
Van Eldik dies verschwiegen (14).

**Zweite Phase: die Gewerkschaftsführung weigert sich nochmals mit den
Unternehmern zu verhandeln. Der Streik verhärtet sich. Die polizeiliche
Repression wächst.**

Die Hafenarbeiter waren mit dem Verhandlungsresultat von Van Eldik
sehr unzufrieden. In Rotterdam wurde am Mittwoch, den 5. September
erneut − und jetzt für mehrere Tage − bei ECT gestreikt. Auch der
Amsterdamer Hafen, für den ja derselbe allgemeine Tarifvertrag galt,
wurde nun drei Tage (Mittwoch, Donnerstag, Freitag) stillgelegt. Eine
große Anzahl der Schlepper besetzte das Gebäude von Smit−Interna-
tional ("ihr" Konzern). Die Männer wollten mit dieser Aktion Druck
auf Smit ausüben. Die Direktion schaltete die Polizei ein. 68 Besetzer
wurden von ihr aus dem Gebäude geholt und gerichtlich belangt. Die
Hafenunternehmen forderten an demselben Tag von der Polizei, daß sie
gegen Streikposten vorgehen solle, die die Arbeitswilligen nicht in die
Betriebe lassen würden.
Am Donnerstag,dem 6. September, besprach der Föderationsrat der
Vervoersbonden−FNV die Lage in den Häfen. Der Föderationsrat ist
eine Art von "Parlament" der Gewerkschaft, in dem Arbeiter aus vielen Transportsektoren des ganzen Landes vertreten sind (Luftfracht,
Eisenbahn usw.). Die Position der Gewerkschaftsführung wurde mit
großer Mehrheit unterstützt (58 dafür, 7 dagegen, 4 Enthaltungen).Die

Gegenstimmen waren von den Vertretern der Häfen. Neun unbesoldete Mitglieder des Hafengruppenrats traten daraufhin zurück. Sie meinten. daß die Gewerkschaftsführung bei den Verhandlungen mit dem SVZ mehr hätte erreichen können. Allmählich wurden nun drei Positionen deutlich:

a) Die Gewerkschaftsführung und die Mehrheit des Förderationsrates wollten Hfl 28,50 brutto pro Woche ab 1. Juli.

b) Die gemäßigten Hafenarbeiter, der CPN—Teil der Streikführung und ein Teil der Gewerkschaftsführung wollte Hfl 28,50 brutto pro Woche ab 1. Januar.

c) Der radikale Flügel der streikenden Hafenarbeiter und der Streikführung bestand auf den ursprünglichen Forderungen.

Inzwischen verschärfte sich der Konflikt im Hafen. In der Nacht von Donnerstag auf Freitag wurden die Besetzer des SHB—Gebäudes durch die Polizei mit Gewalt entfernt und in der nächsten Nacht holten 180 Polizisten mit 16 Überfallwagen, 25 Motorrädern, 2 Wasserwerfern, Pferden und Hunden eine Ladung verfaulendes Obst aus einem Schuppen bei Seaport Terminals, der von 60 Streikposten bewacht wurde. Langsam nahm die Repression zu. Die versammelten Arbeiter auf dem Afrikaanderplatz entschieden sich trotzdem für eine Fortsetzung des Streiks. Die nationale Unternehmerorganisation VNO öffnete ungefähr zur gleichen Zeit ihre Streikkasse für die Hafenbetriebe.
In der dritten Woche verkleinerte sich die Zahl der Streikenden. In Amsterdam ging man wieder an die Arbeit. In Rotterdam wurden die Streiks bei GEM, Unitcentre (angefangen am 7. September), Multi Stores und ECT beendet. Inzwischen kriselte es aber auch ein wenig bei den Unternehmern. Auf der Versammlung auf dem Afrikaanderplatz gaben Jim Stavinga und Flip Schults den 4000 Anwesenden bekannt, daß 5 kleinere Unternehmen bereit seien, die Hfl 28,50 ab 1. Januar zu zahlen. Es handelte sich um Deka—Transport, Vijfwinkel, Van Beenekom, Rijsdijk und Eemtrans. Zu diesem Zeitpunkt war den Hafenarbeitern nicht bekannt, daß der SVZ—Vorsitzende L.J. Pieters allen Rotterdamer Unternehmern einen Brief geschickt hatte, worin er mitteilte, daß es keinem SVZ—Mitglied erlaubt sei, die Hfl 28,50 ab 1. Januar oder die Tage an denen nicht gearbeitet worden war, auszuzahlen. "Mitglieder die sich nicht daran halten, können (...) ausgeschlossen werden", sagte der Brief weiter. Das letzte war eine sehr heftige Drohung, da ein Unternehmer ohne SVZ—Mitgliedschaft wirt-

schaftlich kaum durchhalten kann. Die Lage wurde für die Hafenarbeiter immer bitterer.

Hafenarbeiter besetzen das FNV-Gelbäude mit der Forderung nach Öffnung der Streikkassen.

Text auf dem Transparent: Streikkassen öffnen

Deshalb besetzten 25 von Ihnen am Montagmittag das Rotterdamer Gebäude der Vervoersbonden—FNV. Sie zwangen das dort arbeitende gewerkschaftliche Personal das Gebäude zu verlassen. An die Fassade wurde ein großes Spruchband mit den Worten "Streikkassen AUF" gehängt. Am Dienstag erklärte die sozialdemokratische Parlamentsfraktion — wie sich später herausstellte auf Bitte der Gewerkschaftsführung hin — daß die Forderungen der Hafenarbeiter "unsolidarisch" und verwerflich seien. Auch die "linkssozialistische" PSP hatte sich offiziell von dem Streik distanziert [15].

Am Mittwoch gab es eine Demonstration der Hafenarbeiter und Schlepper durch die Innenstadt gegen die Haltung der Gewerkschaftsführung und des SVZ. Am Abend desselben Tages bekamen viele Hafenarbeiter ein Telegramm oder eine Eilzustellung des SVZ mit der Aufforderung wieder an die Arbeit zu gehen. Die Zahl der Arbeitswilligen stieg auf ungefähr 100. Am Donnerstag, den 13. September gingen Arbeitswillige in den Betrieb bei Seaport Terminals. Eine "Putzkolonne" räumte den Betrieb dann wieder.

Am Freitag, den 14. September wurde die dritte Streikwoche mit einer großen Versammlung im Feyenoord—Fußballstadion abgeschlossen. Ca. 2500 Arbeiter waren anwesend. 1750 stimmten für die Fortsetzung des Streiks, 666 stimmten dagegen und ungefähr 34 enthielten sich. Die Gewerkschaftsführung kündigte am gleichen Tag eine Abstimmung unter den Mitgliedern über den Tarifvertragsentwurf an. Diese Abstimmung sollte innerhalb von 14 Tagen stattfinden. Am 16. September beendeten die Besetzer des Gewerkschaftsgebäudes freiwillig ihre Aktion.

Dritte Phase: Die finanziellen Möglichkeiten der streikenden Arbeiter erschöpfen sich weiter. Gewerkschaften und Unternehmer bieten den Arbeitswilligen Geld. Die polizeiliche Repression wird intensiver. Der Streik wird beendet.

Am Montag,dem 17. September, erklärten die Gewerkschaften Vervoersbonden–FNV und CNV, daß sie ihren Mitgliedern Geld zahlen
würden, wenn sie schriftlich erklärten, wieder an die Arbeit gehen zu
wollen. Zur gleichen Zeit hatten die Direktionen der Unternehmen
Briefe an die Arbeiter geschickt mit der Mitteilung, daß sie einen Vorschuß von Hfl 650,– bis Hfl 1000,– bekommen könnten, wenn sie wieder an die Arbeit gehen würden. Während so einerseits die in finanzielle
Not geratenen Arbeiter mit Geld geködert wurden, nahm andererseits
die Repression weiter zu. In der Nacht von Dienstag zu Mittwoch wurden drei Streikposten bei Kroonvlag verhaftet. Einer von Ihnen wurde
so sehr zusammengeschlagen, daß er in ein Krankenhaus aufgenommen
werden mußte. Der offizielle Grund der Verhaftung war, daß die Arbeiter einen Brand hätten entfachen wollen, während sie tatsächlich nur
wie jede Nacht ein Feuer gemacht hatten, um sich zu wärmen. Am

Die Polizei wird mehr und mehr im Streik selbst eingesetzt. Unter dem ‚Schutz' einer komplet-
ten Polizeiabteilung wird in der Nacht vom Freitag, den 7. September, zum Samstag, den 8. September, ein Früchteschuppen geleert. Ebenso wird die Besetzung des Büros der Firma Smit durch
Polizeieinsatz beendet.

111

nächsten Tag, Mittwoch den 19. September, verbot der (sozialdemokratische) Bürgermeister Van der Louw die "Putzkolonnen". Am selben Tag kam es zur heftigsten Konfrontation mit der Polizei. Eine große Gruppe Arbeiter (ca. 2000) hatte eine Besprechung im Saal Courzand auf der Halbinsel Heijplaat in der Nähe der Containerbetriebe ECT und Unitcentre organisiert. Als die Gruppe den Saal verließ, um eine Demonstration in Richtung auf die Containerbetriebe durchzuführen, um die Belegschaft von der großen Bedeutung, die eine Stillegung ihrer wirtschaftlich so wichtigen Betriebe für den gesamten Hafenstreik haben würde zu überzeugen, stellte sich heraus, daß sich eine enorme Menge Polizisten bei Unitcentre befanden, bewaffnet mit Panzern, Wasserwerfern, Pferden und Hunden. Die Polizei griff an. Es kam zu einer Straßenschlacht (ein Wasserwerfer wurde untauglich gemacht). Es stellte sich heraus, daß die Halbinsel von der Polizei abgeriegelt war. Neunzehn Leute wurden verhaftet. Polizisten, die sich als Arbeiter getarnt, bereits mehrere Tage unter den Streikenden aufgehalten hatten, wiesen die zu Verhaftenden an. Es sah danach aus, daß die Polizei die ganze Streikleitung ins Gefängnis zu bringen versuchte. Dies gelang jedoch nicht. Flip Schults und Jim Stavinga entkamen mit einem Ruderboot. 14 oder 19 Verhaftete wurden bald darauf wieder freigelassen. Fünf blieben im Polizeigebäude. Unter ihnen war auch Bertus van der Horst, der beliebte Sprecher vom Afrikaanderplatz. Am Donnerstag demonstrierten ungefähr 1000 Arbeiter vor dem Polizeigebäude und forderten die Freilassung der fünf.

Protokoll. Streikführer Jim Stavinga:
"In der ersten Phase des Streiks konnte man sagen, daß es Verhandlungsmöglichkeiten gab; die politischen Parteien hatten noch keinen Standpunkt, auch die PvdA (Sozialdemokratie) nicht. Durch das "Büro für Besondere Aufträge" schickte Van der Louw (der Bürgermeister) Kriminalpolizisten in den Hafen. Ihre Aufgabe war: Information der Stadtverwaltung über die Lage an den Betriebstoren und in der "Putzkolonne", über die Kampfbereitschaft der Leute. Insgesamt haben wir 16 Spitzel, getarnt als Hafenarbeiter, in funkelnagelneuen Jeans, identifizieren können. Am Ende der zweiten Woche fängt die zweite Phase an. Am 4. September schließt die Gewerkschaftsführung einen Vertrag ab (...). Hinterher stellt sich heraus, daß Van Eldik und seine Konsorten feierlich versprochen haben, die Verhandlungen nicht wieder neu zu eröffnen und die Streikkassen geschlossen zu halten. (...) Die politischen Parteien erklären sich gegen den Streik. Auch die PvdA, obwohl verschiedene Ortsgruppen mit dem Streik solidarisch waren. Die Polizei tritt aktiver auf, die Mobile Einheit (der Polizei) räumt die besetzten

Gebäude von SHB und Smit. Das Obst wird durch die Polizei aus den Schuppen bei Seaport geholt. Die Spitzel beteiligen sich jetzt an den Diskussionen unter den Hafenarbeitern. Sie machen aktive Elemente ausfindig, als Vorbereitung auf spätere Verhaftungen. Die Gewerkschaftsspitze und der SVZ bilden eine Einheit, um die Streikenden zu isolieren und auszuhungern. Van der Louw meint, daß die Zeit für eine Konfrontation gekommen ist. Das ist die dritte Phase. Erst folgt die Polizei demonstrativ "Putzkolonnen". In der Nacht vom Dienstag zum Mittwoch wird Leen de Man von Kroonvlag durch Polizisten beim Betriebstor zusammengeschlagen. Am Mittwoch danach hatten wir die Versammlung im Courzand. Die Mobile Einheit griff an, das haben wir natürlich nicht hingenommen und es kam zu einer Schlägerei!"

Die Vervoersbonden–FNV gaben zur selben Zeit bekannt, daß jedes arbeitswillige Mitglied Hfl 550,-- bekommen würde. Auch hatten sie an diesem Tag jedem Mitglied einen Stimmzettel über den Tarifvertragsentwurf geschickt. Am Freitag, den 21. September wurden die 5 Verhafteten freigelassen. Die Streikführung entschied sich am Nachmittag, am nächsten Morgen auf dem Afrikaanderplatz vorzuschlagen, den Streik zu beenden, da es unmöglich sei noch länger auszuhalten. Der Streik wurde am Samstagmorgen, den 22. September abgeschlossen. Nachmittags gab es eine letzte, sehr kleine Demonstration durch die Innenstadt.

5. Abschließende Erwägungen

Mehrere Faktoren waren es, die die Hafenarbeiter zur Beendung des Streiks zwangen.

a) Nur im Stückgutsektor wurde kontinuierlich gestreikt. Bei den Container– und Massengutbetrieben wurde nur zeitweilig die Arbeit niedergelegt. Ungefähr 80 % des Umschlags wurde deshalb abgewickelt, während der größte Teil der Hafenarbeiter streikte.

b) Die Unternehmer ließen die Container–Betriebe von der Polizei beschützen (man vergleiche die Ereignisse auf der Halbinsel Heijplaat), damit es keinen Kontakt zwischen den dortigen Arbeitern und den Streikenden geben könnte.

c) Viele große Hafenbetriebe hatten Tochtergesellschaften in Antwerpen und/oder Hamburg. Solidarische Boykott –Aktionen in diesen Häfen blieben aus.

d) Die Unternehmer im Hafen, vereinigt im SVZ, konnten u.a. die finanziellen Verluste des Streiks so lange ertragen, weil sie von der nationalen Unternehmerorganisation VNO unterstützt wurden.

e) Die kleineren Unternehmen, die wenigstens teilweise die Forderungen der Hafenarbeiter erfüllen wollten, wurden vom SVZ mit Ausschliessung bedroht, was ihren Bankrott bedeutet hätte.

f) Der Streik war isoliert geblieben. Andere wichtige Teile der niederländischen Arbeiterklasse entwickelten keine solidarische Aktionen.

g) Die gewählte Streikführung GAK war innerlich gespalten in einen gemäßigten CPN–Flügel und einen radikaleren Flügel.

Diese Faktoren ließen die Streikbereitschaft erschlaffen. Als die Hafenarbeiter schon fast vier Wochen ohne Geld waren, fungierte die Gewerkschaftsführung als Streikbrecherin, indem sie den Arbeitswilligen einen Vorschuß von Hfl 550,– versprach. Trotzdem wurde der Streik nicht als eine völlig Niederlage beendet und wurde auch von den Hafenarbeitern nicht als solche interpretiert. Für die Arbeiter hatte der Streik insofern Erfolg gehabt, als die Verhandlungen zwischen der Gewerkschaft und den Unternehmern wieder eröffnet worden waren und zu einem etwas besseren Resultat (vor allem die Hfl 28,50 brutto pro Woche) geführt hatten. Außerdem ist der Hafenstreik für die niederländische Arbeiterbewegung von Bedeutung, weil neue Kampfformen entwickelt wurden (die "Putzkolonne" als – wie in England gesagt wird – "secondary picketing") und weil Arbeiterfrauen sich am Kampf beteiligten. Vor allem aber hatte der Streik eine überragende **politische** Bedeutung, denn die Hafenarbeiter hatten mit ihrem Streik zum erstenmal die Austerity Politik von Regierung, Sozialdemokratie und Gewerkschaftsführungen angegriffen. In diesem Sinne war der Streik nur ein Anfang.

Verzeichnis der verwendeten Abkürzungen

CNV	Christelijk Nationaal Vakverbond. Konservative christliche Gewerkschaft.
CPN	Communistische Partij van Nederland. Kommunistische Partei.
FHV	Federatieve Havenvereniging, Kleine, nicht offiziell anerkannte Hafengewerkschaft.
GAK	Gezamelijk AktieKomité. Gewählte Leitung des Hafenstreiks.
PSP	Pazifistisch–Socialistische Partij. "Links–sozialistische" Partei.
PvdA	Partij van de Arbeid. Sozialdemokratische Partei.
OVB	Onafhankelijk Verbond van Bedrijven. Syndikalistische, nicht offiziell anerkannte, Gewerkschaft.
Vervoersbonden–FNV	Sozialdemokratisch geführte Gewerkschaft für den Transportsektor.
SHB	Samenwerkende Havenbedrijven. Stiftung der Rotterdamer Hafenunternehmer.
SVZ	Scheepvaartvereniging Zuid. Organisation der Rotterdamer Hafenunternehmer.
VNO	Verbond van Nederlandse Ondernemingen. Nationale Unternehmerorganisation.

Anmerkungen

* Der Verfasser ist ein Mitglied der Rotterdamer Hafenstreikführung, der anonym bleiben möchte, zu Dank verpflichtet für seinen ausführlichen Kommentar zu dem ersten Entwurf dieses Aufsatzes.

(1) In letzter Zeit wurden verschiedene Studien zu früheren Rotterdamer Hafenstreiks veröffentlicht: Tony Jansen, "De wil der bazen regelt het werk — Havenarbeiders rond 1900 in Rotterdam en Amsterdam, "Jaarboek Arbeidersbeweging" 1979, S. 7 — 87. F.S. Gaastra, **Werknemers en Werkgevers in de Rotterdamse Haven 1900 — 1920**, "Tijdschrift voor Sociale Geschiedenis", September 1975, S. 219—238. Bob Reinalda: **De Rotterdamse en zeeliedenstakingen in 1945 en 1946**, "Te Elfder Ure" 14 (1973), S. 853—908.

(2) Kees van Doorn u.a., **De beheerste vakbeweging — Het NVV tussen loonpolitiek en loonstrijd 1959—1973**, Van Gennep, Amsterdam, S. 357 u.w.

(3) Die Darstellung der Arbeitsbedingungen stützt sich vor allem auf zwei Broschüren, nämlich Gezamenlijk Aktiekomite van Rotterdamse Havenarbeiders (Hrsg.), **Werken in de Rotterdamse Haven**, 1979 und Solidariteitskomité van het Gezamenlijk Aktiekomité, **Solidariteiskrant 2** (12.10.1979.) Ergänzende Informationen wurden der Reportage von Feike Salverda/Baukje Toonstra, **De Rotterdamse haven**, "Vrij Nederland" 8. Dezember 1979 entnommen.

(4) Streng genommen, gibt es noch einen vierten Sektor, nämlich die Öle und feste Brennstoffe. Obwohl dieser Sektor wirtschaftlich sehr bedeutend ist (157 Millionen Tonnen Umschlag 1978) ist hier nur ein sehr geringer Teil der Hafenarbeiter beschäftigt (1978: ungefähr 150 Personen).

(5) Solidariteitskrant 2, S. 9. Der Stückgutbetrag für 1978 wurde nach neueren Informationen geändert.

(6) Hierzu ausführlicher Ad van Ingen/Joop van Raak, **De stakingen in februari 1977**, "Paradogma" Nr. 4 (1977), S. 29—69. Und Jan Stuart/Jan van Dijk, **De CAO—akties van februari 1977**, "De Internationale" jan/feb 1978, S 6—15.

(7) Van Ingen/Van Raak, S. 53.

(8) Die Beschreibung der Vorgeschichte des Streiks stützt sich auf **Staking '79**, "Spartacus" Nr. 4 (1979), S. 11—19: Solidariteitskrant 2, S. 3—5; Harry Homma/Bram Hoeksema, **Doorbraak aan de Maas — De havenstaking 1979**, Pegasus Verlag, Amsterdam 1979, S. 35—42.

(9) Die CPN hat in Rotterdam einen relativ kleinen Umfang, spielt aber dennoch bei Arbeitskämpfen öfter eine Rolle. Hierzu "offiziell" Siem van der Helm, **De activiteiten van de CPN in Rotterdam.** "Politiek en Cultuur", April 1980, S. 138 – 141.

(10) Die Darstellung des Streiks und seiner Organisation basiert auf Staking '79. Solidariteitskrant 2, Homma/Hoeksema, den Tageszeitungen, De Volkskrant, De Waarheid, Utrechts Niewsblad und Berichte von Augenzeugen.

(11) Zum Teil stützt sich diese Darstellung auf den Bericht in der rätekommunistischen Zeitschrift "Daad en Gedacht", Dezember 1979. Korrekturen an Hand eines Augenzeugenberichtes waren jedoch notwendig.

(12) Ein "Buurthuis" ist ein Haus in einem Viertel, wo die Bewohner des Viertels sich treffen können.

(13) Solidariteitskrant 1, 15.9.1979, S. 6

(14) Feike Salverda, **Hoe de Vervoersfederatie FNV de havenstaking brak,** "Vrij Nederland", 29.9.1979.

(15) Innerhalb der Sozialdemokratischen Partei gab es jedoch Opposition in verschiedenen Ortsgruppen. Der ablehnende Standpunkt der PSP wurde später unter dem Druck der Mitglieder widerrufen.

Die Protokoll–Texte sind dem Band Tolerantie is voorbij, nu staken ik een jij – Havenstaking 1979, Uitgeverij Rode Morgen, Amsterdam 1980 entnommen

Im Stadion des Fußballvereins ‚Feyenoord‘ wird über den weiteren Verlauf des Streiks am Freitag, den 14. September, ein Beschluß gefaßt. Der Beschluß lautet: der Streik geht weiter!

Detlef Roßmann

Statische Repräsentanz:
Kommunistische Öffentlichkeit in einer Kleinstadt
der Weimarer Republik.

1.

Wer heute durch die Straßen eines beliebigen Arbeiterviertels geht, wird
neben den tristen oder sanierten alten Arbeitersiedlungen kaum noch
äußere Spuren der Arbeiterbewegung und ihrer Kultur aus den Jahren
der Weimarer Republik wahrnehmen können. Auch im einst "roten
Osternburg", dem industriellen Vorort der Stadt Oldenburg, ist nur
mehr das architektonische Gerippe vergangenen Arbeiteralltags aufzu-
spüren.

Die durch den Faschismus gewaltsam eingeleitete kollektive Verdrän-
gung der eigenen Geschichte begann in Osternburg im Februar des
Jahres 1933 mit einer gründlichen Reinigung des äußeren Erscheinungs-
bildes der Straßen des Arbeiterviertels von den Zeugnissen seiner Weimarer Vergangenheit. In einem Schreiben des Kreisleiters der NSDAP
an den Oberbürgermeister der Stadt Oldenburg hieß es u.a.:

*"Wer mit dem Zuge von und nach Osnabrück an der Glashütte (in
Osternburg, A.d.V.) vorüberfährt, glaubt, daß er sich in Rußland befindet. Die Einfriedungen sind mit Anschriften 'Heil Moskau' usw.
von der KPD versehen."* (1)

Die Beseitigung der "Graffiti" jener Zeit symbolisierte gleichsam das
Ausmaß der gesellschaftlichen Sanierung durch den Faschismus. Mit
den Mauerinschriften verschwanden zugleich auch die zahlreichen
und vielfach verästelten Organisationen der deutschen Arbeiterbewegung: Parteien, Gewerkschaften, Arbeitersport und –sängerverbände,
Kaninchenzüchter– und Kleingartenvereine.

Im Jahre 1933 ging ein in Jahrzehnte der Arbeiterbewegung ent-
wickeltes System politischer und kultureller Bräuche und Traditionen
unter, dessen Rekonstruktion nach 1945 nie wieder gelingen sollte. (2)

121

Die nachfolgende Studie über Aspekte kommunistischer Öffentlichkeit im Oldenburger Arbeiterviertel Osternburg ist in Teilen einer bereits abgeschlossenen, umfassenderen Forschungsarbeit entnommen. [3] In dieser Arbeit wurde das Verhältnis zwischen Alltagsleben von Arbeitern, die mitunter auch in Kaninchenzüchtervereinen organisiert waren, und kommunistischer Politik analysiert.

Ziel des vorliegenden Aufsatzes ist die Funktionsbestimmung kommunistischer Öffentlichkeit als Vermittlungsinstanz zwischen KPD−Politik und lokaler Arbeiterschaft. Dabei wird anhand verschiedener archivalischer Quellen (KPD−Unterlagen, Polizeiberichte, Zeitungsmeldungen) sowie mündlicher Erinnerungen Oldenburger Arbeiter die interne Struktur der lokalen KPD analysiert, sowie die Strukturen ihrer Öffentlichkeit in drei Bereichen (Flugblätter, Versammlungen und Umzüge, Maifaiern) exemplarisch dargestellt. Die Auswahl der der Untersuchung zugrundeliegenden Einzelbeispiele erfolgte mit einem kritischen Blick auf das Verhältnis zwischen der KPD und den Anliegen ihres Adressaten, der lokalen Arbeiterschaft.

Warpsspinnerei und -stärkerei (Stadtmuseum Oldenburg)

122

Glasmacher beim Flaschenblasen (Stadtmuseum Oldenburg)

2.

Konstituierend für die Entstehung einer lokalen Arbeiterbewegung in der zweiten Hälfte des 19. Jh. war die Ansiedlung zweier Industriebetriebe in der kleinen Gemeinde Osternburg vor den Toren der herzoglichen Residenzstadt Oldenburg. Eine Glashütte und eine Warpsspinnerei und –stärkerei – gegründet mit Hilfe nichtoldenburgischer Kapitalgeber – zählten bis an das Ende der Weimarer Republik zu den bedeutendsten Industrieunternehmen der lokalen Region und gaben der Gemeinde Osternburg das spezifische Gepräge einer Arbeitersiedlung. (4)

Die unterschiedliche Produktivität der beiden Unternehmen, bedingt durch den technologischen Vorsprung der Textilindustrie gegenüber der noch lange Zeit rein manufakturell arbeitenden Glashütte, äußerte sich in gegensätzlichen Beschäftigungsstrukturen: Die Glashütte blieb bis in die Zeit vor dem Ersten Weltkrieg auf einen Stamm hochqualifizierter Facharbeiter angewiesen, während die Spinnerei überwiegend ungelernte Arbeiter beschäftigte, darunter einen hohen Anteil von Frauen.

Zusammengenommen überwogen in der Arbeiterschaft Oldenburgs und Osternburgs qualifizierte Arbeitskräfte (Facharbeiter und Handwerker), wobei drei Berufsgruppen herausragten: Bauhandwerker, Metallarbeiter und Glasmacher.

Die Stadt Oldenburg selbst hatte den Übergang zum industriellen Zeitalter "verschlafen": hier dominierten bis zum Ende der Weimarer Republik – und darüberhinaus – unproduktive Dienstleistungs– und Verwaltungsbetriebe sowie Handel und Handwerk, die jedoch durchweg auf der Stufe von Klein– und Kleinstbetrieben stehen blieben. Bürgerliche und kleinbürgerliche Mittelschichten machten daher einen ungewöhnlich hohen Anteil der städtischen Bevölkerung aus.

Die Lage der Industrie in Oldenburg und Osternburg war seit den Jahren 1908/09 bis zum Ende der Weimarer Republik durch eine andauernde Krisenhaftigkeit gekennzeichnet. Insbesondere konnte für diesen Wirtschaftsraum von einer "Phase der relativen Stabilisierung" im Zeitraum von 1924 bis 1928 im Gegensatz zur konjunkturellen Entwicklung auf nationaler Ebene keine Rede sein. Dementsprechend war die Lage der Arbeiterschaft von Arbeitsplatzunsicherheit und zunehmender Arbeitslosigkeit gekennzeichnet. Verbesserungen der Arbeitsbedingungen gegenüber der unmittelbaren Vorkriegszeit – insbesondere hinsichtlich der Länge des Arbeitstages – wurden zurückgenommen. Teilweise führten Rationalisierungsprozesse, wie zum Beispiel in der Glashütte der maschinellen Flaschenproduktion und, damit verbunden, des Dreischichtbetriebes in den Jahren vor dem ersten Weltkrieg) sogar zu einer erheblichen Verschlechterung der Arbeitssituation und der Arbeitsmarktbedingungen.

Die in Oldenburg und Osternburg dominierenden Teile der Arbeiter-schaft – Bauhandwerker, Metallarbeiter und Glasarbeiter – konnten bis zur Mitte der zwanziger Jahre ihr im Vergleich zu anderen Arbeitern höheres Lohnniveau halten. Sie waren aber ab 1923 bis 1925, neben jugendlichen und ungelernten Arbeitern am stärksten von einer früh einsetzenden und ständig zunehmenden Arbeitslosigkeit betroffen.

Starke Arbeitsplatzunsicherheit kennzeichnete insbesondere seit der Krise von 1908/09 die Lage der Glasmacher, die infolge des Übergangs zu maschineller Glasproduktion allmählich durch angelernte Arbeiter verdrängt wurden.

Die Lebensbedingungen der Arbeiterschaft waren neben der Lohnhöhe entscheidend durch die Familiengröße, d.h. die Anzahl der mitzuver-sorgenden Familienangehörigen bestimmt. Insbesondere seit den Jahren des Ersten Weltkrieges waren und blieben die Ernährungssituation und die Lebenshaltung der Arbeiterschaft bis zum Ende der Weimarer Re-publik ständig unzureichend. Auch durch vermehrte Nutztierhaltung, Anlage von Kleingärten und genossenschaftliche Selbsthilfe (Konsum-verein) konnten sie nicht normalisiert werden.
Für die Industriearbeiterschaft Osternburgs galt, daß die Familiengröße über dem Durchschnitt anderer Bevölkerungsgruppen lagen, wobei ins-besondere den Familienhaushalten der Glasmacher – möglicherweise bedingt durch die ausschließliche "Vererbung" des väterlichen Berufs-geheimnisses auf die Kinder – zahlreiche Personen angehörten. Über-wiegend wohnten die Arbeiter der Textil– und Glasfabrik in Werks-siedlungen, die in der zweiten Hälfte des 19. Jahrhunderts in einem ge-sonderten Teil Osternburgs in unmittelbarer Nähe der Betrieb errichtet worden waren. Die Wohnverhältnisse in diesen Siedlungen, deren Reihenhäuser häufig von zwanzig bis dreißig Personen bewohnt wurden, waren extrem schlecht, wobei in dieser Hinsicht zwischen ungelernten und Facharbeitern offenbar kein Unterschied bestand. Diese nicht allein soziale, sondern auch räumliche Ausgrenzung der Arbeiterschaft in be-sonderen "Arbeiterkolonien", die durchaus Züge der Gettoisierung dieser Bevölkerungsgruppe trug, fand in der – von den Bewohnern selbst

gebrauchten — Bezeichnung der Siedlungen seinen charakteristischen Ausdruck: "Sansibar" und "Kamerun" sind plastische Namen für jene Lebenssituationen, und reflektieren die Ausgrenzung der Arbeiterschaft.

Im Zusammenhang der skizzierten Arbeits— und Lebensverhältnisse konzentrierte sich die Entwicklung der lokalen Arbeiterbewegung auf das Arbeiterviertel der Gemeinde Osternburg. Sozialdemokratie und Gewerkschaften prägten zusammen mit zahlreichen Arbeitersport— und Sängervereinen die politische und kulturelle Öffentlichkeit der "Arbeiterkolonien". Bis in die Zeit der in Oldenburg gemäßigt verlaufenden Novemberrevolution des Jahres 1918 [5] und darüber hinaus war die lokale Sozialdemokratie als rechtssozialdemokratisch zu charakterisieren.

Die Entstehung einer kommunistischen Gruppe Ende 1918 war überwiegend dem Einfluß der "Bremer Linksradikalen" zuzuschreiben, an deren politischen Positionen sich die Oldenburger KPD orientierte. Nach einer Phase linkskommunistischer Aktivitäten, die ihren Höhepunkt in dem Anschluß an die 1920 entstandene KAPD fanden, vollzogen die lokalen Kommunisten im Kontext des Niedergangs der linkskommunistischen Bewegung eine politische Wendung. Seit etwa 1922 läßt sich für Oldenburg und Osternburg neben der Sozialdemokratie nur mehr die politische Praxis einer Ortsgruppe der KPD nachzeichnen. Der spezifische Kleinstadtcharakter der Stadt Oldenburg begrenzte im Vergleich zu industriellen Ballungsgebieten von vornherein die Entwicklungsmöglichkeiten der lokalen KPD.

Obschon die Stadt Oldenburg in der Weimarer Republik Hauptstadt des kleinen — territorial zersplitterten — gleichnamigen Freistaats war, fristete sie ein ökonomisches Schattendasein in der Nachbarschaft des geographisch günstiger gelegenen und wirtschaftlich dominanten Bremens. So war beispielsweise die Zunahme der Einwohnerzahl Oldenburgs, insbesondere seit der Mitte des 19. Jhs., deutlich hinter der Bevölkerungsentwicklung industrieller Regionen zurückgeblieben. Im Jahre 1919 zählte die Stadt Oldenburg gut 32. 000 Einwohner; 1933 hatte sich ihre Bevölkerung — primär bedingt durch eine Reihe von Eingemeindungen — auf knapp 67. 000 Einwohner etwa verdoppelt. [6] In der Sozialstruktur der Stadt waren im Jahre 1933 Arbeiter mit einem Anteil von 37,9 % gegenüber dem Reichsdurchschnitt der Mittelstädte (50,4 %) deutlich unterrepräsentiert. Die Dominanz der Mittelschichten in Oldenburg fand ihre Erklärung in der Rolle der Stadt als regionales Verwaltungs– und Dienstleistungszentrum. Der Anteil der Erwerbspersonen im Dienstleistungsbereich und in Handel und Verkehr betrug zusammengenommen in der Stadt Oldenburg 56,7 % gegenüber einem Anteil von 46,1 % im Reichsdurchschnitt der Mittelstädte. Noch deutlicher war die Diskrepanz im industriellen und handwerklichen Wirtschaftssektor, der in Oldenburg nur 32,2 % der Erwerbspersonen beschäftigte, während auf ihn im Reichsdurchschnitt der Mittelstädte 50,0 % der Erwerbspersonen entfielen. [7]

Ihren exemplarischen Ausdruck fand die Wirtschafts– und Sozialstruktur in den Wahlergebnissen der Stadt Oldenburg. [8] Hier blieb der Stimmenanteil der Arbeiterparteien in den Jahren der Weimarer Republik fast immer knapp unter 30 %. Dieser Stimmenanteil lag deutlich unter dem vergleichbaren Durchschnitt des Reichsgebietes. Während jedoch in Oldenburg der relative Anteil der Arbeiterparteien von 28,7 % (USPD und MSPD) bei den Wahlen zur Nationalversammlung und von 27,9 % (KPD und SPD) bei den Reichstagswahlen im März 1933 – bei gestiegener Wahlbeteiligung – ziemlich konstant blieb, fiel der Anteil der Arbeiterparteien im Reich insgesamt von 45,5 % auf 30,6 % ab. Die auffällige lokale Stabilität der Stimmenanteile für die Arbeiterparteien mag eine Ursache gerade in der Minderheitenrolle der Arbeiterschaft innerhalb der städtischen Gesamtbevölkerung gehabt haben. Das Verhältnis zwischen Arbeiterschaft und Bürger– bzw. Kleinbürgertum fand seinen Ausdruck zudem in der oben erwähnten räumlichen Ausgrenzung der Arbeiter in das Arbeiterviertel des Industrievororts Osternburg. Im Bereich der Arbeiterkolonien lag der Stimmenanteil der Arbeiterparteien während der Weimarer Republik fast durchweg zwischen 75 und 80 %. Während in der Stadt Oldenburg und im Arbeiterviertel Osternburgs die Wahlergebnisse eine gleichermaßen relative Konstanz aufwiesen, waren die Einzelergebnisse für die KPD und SPD starken Schwankungen ausgesetzt. Ohne detaillierte Ergebnisse auszuweisen, kann zusammenfassend festgehalten werden, daß die Sozialdemokratie im Arbeiterviertel – bis auf zwei Ausnahmen in den Jahren 1923 und 1931 – die KPD regelmäßig knapp überflügelte. In der Stadt Oldenburg insgesamt lagen die Stimmenanteile für die SPD durchschnittlich um 20 %, für die KPD – mit zunehmender Tendenz – zwischen etwa 4 % und 11 %.

Auf der anderen Seite des Wählerspektrums war das Wahlverhalten bürgerlicher und kleinbürgerlicher Wählerschichten weitaus bedeutenderen Veränderungen unterworfen als in der Arbeitschaft.
In groben Zügen lassen sich drei politische Entwicklungsphasen konsta-

tieren, die jeweils mit einschneidenden ökonomisch–politischen Ereignissen einsetzten.

Nach der Novemberrevolution hatte die linksliberale Deutsche Demokratische Partei(DDP)bei den ersten Wahlen der Republik (zur Nationalversammlung) in der Stadt Oldenburg einen Stimmenanteil von 46,2 % errungen. In Koalition mit der Sozialdemokratie konnte die DDP die Politik des Stadtrates in den ersten Nachkriegsjahren gestalten. Trotz einer politisch und wirtschaftlich interessengeleiteten Eingemeindungspolitik, die u.a. 1922 die bis dahin selbständige Gemeinde Osternburg mit ihrem hohen Anteil an industrieller Arbeiterschaft in die Stadt Oldenburg überführte, überstand diese Koalition nur knapp die Inflationszeit. Deutsche Volkspartei (DVP) und Deutsch–Nationale Volkspartei (DNVP) waren in dem Zeitraum von 1919 bis 1924 von einem zusammengezogenen Anteil von knapp 20 % auf einen Stimmenanteil von zusammen 55,3 % gekommen, während die DDP auf 18,2 % zurückgefallen war. Seit der Stadtratswahl von 1924 regierte also eine absolute Mehrheit von DVP/KNVP die Stadt Oldenburg. Der Verlust liberaler politischer Substanz in der Stadt Oldenburg hatte – auf dem Hintergrund der Verarmung der städtischen Mittelschichten durch die Inflation – schon in den frühen Jahren der Weimarer Republik mit der enormen Zunahme eines völkisch–nationalistischen Wählerpotentials korrespondiert.

Im Zusammenhang der Folgen der Weltwirtschaftskrise des Jahres 1928 bereitete eine offen rechtsradikale Politik der lokalen DNVP (und der mit ihr in mehreren Wahlbündnissen in Stadt und Land zeitweise vereinigten DVP) einer weiteren Rechtsentwicklung bürgerlicher und kleinbürgerlicher Wählerschichten den Boden. Bei der Stadtratswahl von 1930 waren die bürgerlichen Parteien der Mitte und der Rechten (mit Ausnahme des relativ konstanten Zentrums) auf zusammengenommen 25,2 % der gültigen Stimmen abgesunken, wohingegen die NSDAP mit 40,7 % zur stärksten Franktion avancierte. Gemeinsam mit den Deutsch-Nationalen amtierten nun Nationalsozialisten im Oldenburger Rathaus.

Der skizzierten politischen Entwicklung in der Stadt Oldenburg hatte die lokale KPD keine entscheidenden kommunalpolitischen Aktivitäten entgegenzusetzen. Der einzige den Stadtratsprotokollen zu entnehmende politische Schwerpunkt ihrer zwei Stadträte lag in periodischen Anträgen und Redegefechten zur Unterstützung der Arbeitslosen. (9) Hierin unterschied sich die KPD von ähnlichen Aktivitäten der Sozialdemokratie hauptsächlich durch eine größere Wortradikalität und die Formulierung weitergehender Forderungen zur Bekämpfung der Arbeitslosigkeit. Eine langristig konzipierte politische Arbeit von Kommunisten ließ sich außerhalb des Kommunalparlaments nur in den einzelnen freien Gewerkschaften und im Ortskartell des ADGB beobrachten. Die lokale Gewerkschaftsarbeit der KPD zeichnete sich – wichtig festzuhalten – durch eine kontinuierliche Mitarbeit von Kommunisten eben in den Fachverbänden des ADGB aus: Die Politik der Revolutionären Gewerkschaftsopposition (RGO) fand bei den Oldenburger Kommunisten nur wenig Anklang. Die Wirtschafts-und Betriebsstruktur Oldenburgs und Osternburgs bot ja auch keine Möglichkeiten des Aufbaus eigener kommunistischer Gewerkschaftsverbände. wie sie in industriellen Ballungsgebieten mit einer Dominanz von Groß– und Größtbetrieben entstanden waren. (10) Ansätze einer lokalen RGO–Politik mußten administrativ durch die Bremer Bezirkszentrale durchgesetzt werden: Im Jahre 1931 wurde ein auswärtiger Unterbezirkssekretär nach Oldenburg beordert, dessen Hauptaugenmerk dem Aufbau der RGO galt. (11)

Gegen den Widerstand lokaler Kommunisten ließ sich diese Politik allerdings nur schwer an. Leitende Mitglieder der lokalen KPD waren aktive Gewerkschafter und sogar als hauptamtliche Sekretäre tätig. Diese Funktionen verdankten sie zu einem guten Teil einer von den wechselnden Weisungen der Berliner KPD–Zentrale relativ autonomen Gewerkschaftspolitik, für die sich kommunistische Gewerkschafter auch persönlich stark engagierten. Der damalige, 1931 gewählte ehrenamtliche Sekretär der Buchdrucker – selber Mitglied der Sozialistischen Arbeiterpartei (SAP) – erinnerte sich der hauptamtlichen kommunistischen Gewerkschaftssekretäre:

"Also es war so: es war eben mehr das Urteil über die Person, als über ihre politische Einstellung. Und so war es auch bei dem August Schütt im Bau und auch bei Metall. Die haben den RGO–Kurs nicht mitgemacht."(12)

Neben der Mitarbeit im Stadtrat und in den lokalen Gewerkschaften waren die politischen Aktivitäten der KPD hauptsächlich im Arbeiterviertel Osternburgs angesiedelt. Hier wohnte und arbeitete die überwiegende Mehrheit der KPD–Mitglieder. Quantitativ gesehen blieb die Mitgliederzahl der KPD immer hinter der der örtlichen Sozialdemokratie zurück: zwar hatte sich die Zahl der KPD–Mitglieder von ca. 150 im Jahre 1923 auf ca. 550 Ende 1932 erhöht, sie reichte damit aber nicht an die weit über 1000 Mitglieder der Sozialdemokratie heran. Dennoch war das Arbeiterviertel Osternburgs von der Öffentlichkeit der

KPD dominiert . Allerdings: kommunistische Aktivitäten in der Öffentlichkeit waren fast immer festgemacht an den zahlreichen, jährlich
wiederkehrenden nationalen und internationalen Gedenktagen der Arbeiterbewegung, den Frauen–, den Antikriegs– und Revolutionsge-
dächtnistagen, den Jugendweihen, den Wahlkampagnen, sowie den von
der Berliner Zentrale jeweils reichsweit festgelegten Kampfwochen zu
besonderen politischen Ereignissen.
Thema und Ausgangspunkt dieser kommunistischen Öffentlichkeitsarbeit waren nur selten die Arbeits– und Lebensverhältnisse der Arbeiterschaft Oldenburgs und Osternburgs. So nimmt es nicht Wunder, daß die
kommunistische Politik im Oldenburg der Weimarer Republik nicht als
eine Geschichte betrieblicher Konflikte und Streiks, nicht als soziale
Bewegung zur Veränderung von Arbeits– und Lebensbedingungen re-
konstruierbar war.
Das spezifische Verhältnis der KPD zu den Interessen ihrer Mitglieder
und denen sozialdemokratischer oder parteiloser Arbeiter wird in den
folgenden Abschnitten an ausgewählten Beispielen kommunistischer
Öffentlichkeit dargestellt.

Zehn Jahre Krieg!

August 1914   **August 1924**

Weg!

Vier Jahre Weltkrieg 1914—18: 20 Millionen Tote. Die Proleten verrecken im Schützen-
graben, die Frauen und Kinder daheim genießen Kohlrüben. Der Schieber häuft die Millionen in der Etappe.
„große Zeit" des Burgfriedens: Bourgeoisie und Sozialdemokratie schützen gemeinsam das Vaterland.

Sechs Jahre Klassenkrieg 1918—24: Die Noskiten morden 20000 Arbeiter in Deutschland.
ungezählte Tausende von Proletariern verrecken in Polen, Ungarn, Italien, Indien, China, Amerika.
hunderttausend Klassenkämpfer in den Kerkern aller Monarchien und Republiken des Kapitalismus.
Millionen Arbeitslose; Elend, Hunger, Verzweiflung. Der Kriegsgewinnler verwandelt sich in den
rations- und Inflationsgewinnler. Die Regierung führt gemeinsam: Bourgeoisie und Sozialdemokratie.

Die Kriegsverbrecher von 1914 sind immer noch die Herrscher von 1924!

Jetzt heißt es erneut: Nie wieder Krieg! Wer ruft so? Die Ebert und Scheidemann,
Vandervelde und Renaudel, die Kriegs- und Friedensverbrecher des letzten Jahrzehnts!

Nieder mit der pazifistischen Lüge, die da bedeutet die Verständigung und Versöhnung der
Kapitalisten und Sozialverräter untereinander.

Der Pazifismus, der Völkerbund, der Sachverständigenplan — sie sind nur die Kulisse für den neuen Weltkrieg, den Weltkrieg der Zukunft, den Weltkrieg der 100 000 Flugzeuge und der völkermordenden Giftgase!

Wer verhindert aber den neuen Weltkrieg? Die Arbeiterklasse durch den Bürgerkrieg gegen das Kapital!

Unser Weg!

Wer den Frieden will, verjage die bürgerlichen Kriegspolitiker und ihre sozialdemokratischen Helfershelfer und schließe sich an

der kommunistischen Internationale,
der Internationale Lenins und Liebknechts.

Den Nationalisten und den falschen Pazifisten sagen wir am 3. August:

**Nieder alle kapitalistischen Ausbeuter des Proletariats und ihre
sozialdemokratischen Agenten!**
Nieder die pazifistisch-demokratische Heuchelei!
Nieder der Völkerbund und der Sachverständigenplan!

Hoch der revolutionäre Befreiungskrieg des
Proletariats aller Länder!

Hoch Sowjet-Rußland!   Hoch die 3. Internationale!

Kommunistische Partei Deutschlands
Sektion der 3. Internationale

Verantwortlich:

3.

Etwa drei Dutzend von Kommunisten in Oldenburg und Osternburg in den Jahren der Weimarer Republik verteilte Flugblätter sind in verstreuten Archivbeständen erhalten geblieben. Die systematische Untersuchung der Strukturen lokaler kommunistischer Flugblattagitation kann an dieser Stelle nur beispielhaft nachgezeichnet werden: Im Vordergrund stehen typische Stilmittel und Formen des Verwendungszusammenhangs.

Am 2. August des Jahres 1924 wurden von Kommunisten – in geringer Zahl, wie der Polizeibericht notierte – Flugblätter verteilt, die an den zehnten Jahrestag des Beginns des Weltkrieges erinnerten. (13) Unter der Überschrift "Zehn Jahre Krieg" fand sich eine Karrikatur, die den Leidensweg von Arbeitern und die politische Macht der Herrschenden symbolisierte. Der Text kommentierte mit den Schlagzeilen "Vier Jahre Weltkrieg" und "Sechs Jahre Klassenkrieg" den Zusammenhang zwischen den Opfern des Krieges und der Niederschlagung revolutionärer Bewegungen der Nachkriegszeit. "Bourgeoisie und Sozialdemokratie" als "Kriegsverbrecher von 1914" – so hieß es – rüsteten zum neuen Weltkrieg. Dieser könne nur durch den "Bürgerkrieg" der Arbeiterklasse gegen das Kapital verhindert werden. Dieser Kampf der Arbeiter war in einer Karrikatur auf der Rückseite des Flugblattes dargestellt. Vor dem Hintergrund von Hammer und Sichel und Roter Armee bezwingt ein sich erhebender Arbeiter seine Peiniger. Die Konfrontierung von Geschichte und Gegenwart der Arbeiter mit der Vision ihrer Befreiung mündete in einem "Hoch" auf den "Revolutionären Befreiungskrieg des Proletariats aller Länder".

Die Darstellung des Leidensweges von Arbeitern thematisierte die hinter den Erscheinungen verborgenen Ursachen sozialen Elends. Die Erscheinungen alltäglicher sozialer Not wurden ausgespart. Absehung und Abstraktion vom Alltagsleben der Arbeiter fanden ihre Entsprechung in der Darstellung eines schlagartigen Aktes globaler Befreiung; Die bildliche Stilisierung individueller Stärke des Arbeiters mußte zwangsläufig jeglichen Verweis auf konkrete Möglichkeiten einer auch partiellen, prozeßhaften Befreiung von Verhältnissen gesellschaftlicher Unterdrückung im betrieblichen und familiären Alltag vermeiden. Die Propagierung des "Bürgerkriegs" der Arbeiterklasse gegen das Kapital huldigte der Perspektive eines abstrakten Voluntarismus. Dieser jedoch war ein Reflex eines passiven Fatalismus von Kommunisten im Deutschland des Jahres 1924. Die ökonomisch und politisch krisenhafte Periode der

Nachkriegszeit war mit dem Ende der Inflation abgeschlossen. Die Hoffnung auf den "revolutionären Befreiungskrieg des Proletariats aller Länder" substituierte ein Eingehen auf die veränderten nationalen und internationalen gesellschaftlichen Bedingungen kommunistischer Politik. Eine derartige kommunistische Öffentlichkeitsarbeit mußte wirkungslos bleiben. Auch Osternburg war da keine Ausnahme.

Die Öffentliche Versammlung, zu der die KPD für den nächsten Tag in die Osternburger "Tonhalle" aufgerufen hatte, "war so schwach besucht (etwa 40 Personen), daß sie nicht im Saale, sondern in einem Clubzimmer abgehalten wurde."(14)
Die Absehung von konkreten Alltagssorgen der Arbeiterfamilien in Oldenburg und Osternburg wiederholte die Fehler des Jahres 1923.

Damals hatten Kommunisten in Oldenburg klandestine Vorbereitungen eines militärischen Aufstands unternommen: sie hatten einen illegalen Apparat aufgebaut und die Einrichtung geheimer Waffen– und Lebensmitteldepots geplant. Die bedrückende existenzielle Not vieler Arbeiterfamilien und Familien des Mittelstandes, die sich beispielhaft in immerwiederkehrenden – teilweise tätlichen – Auseinandersetzungen mit Preiswucherern auf den Oldenburger Wochenmärkten gespiegelt hatte. war in die lokale Politik der KPD nicht eingegangen.(15)

So war die Agitation für einen Befreiungskrieg im August des Jahres 1924 eine Wiederholung putschistischer Fehler des Jahres 1923 unter dem Vorzeichen stabilerer politischer und ökonomischer Verhältnisse. Neun Jahre später – im Mai 1933 im Zeichen der Zerschlagung der deutschen Arbeiterbewegung – verteilten Kommunisten in Osternburg ein illegal hergestelltes Flugblatt. Darin stand zu lesen:

"Während der Führer des deutschen Proletariats, der Führer unserer Partei, der Genosse **Ernst Thälmann** *mitten unter den Arbeitern lebt, um mit den Arbeitern zu kämpfen, warfen ihn die Schergen der faschistischen Diktatur ins Gefängnis,sind seit Wochen Dutzende von SPD-und Gewerkschaftsführern in die Schweiz und in andere Länder geflüchtet. SPD und ADGB können keine Arbeiter mehr führen und verführen.* **Tretet ein in die KOMMUNISTISCHE PARTEI!!!"**

Die Selbstausblendung kommunistischer Politik und Agitation aus dem Vermittlungszusammenhang zu nicht in der KPD bereits organisierten Arbeitern entsprach einem Bewußtsein aktiver Kommunisten, in dem der Zusammenhang zwischen Problemen des eigenen Arbeits– und Lebensalltags und gesamtgesellschaftlichen Aspekten zerrissen schien. Auf die Frage, ob Kommunisten sich jemals der Wohnverhältnisse von Arbeitern in Osternburg angenommen hätten, wurde erklärt:

"Da hatten wir nichts mit zu schaffen, darum haben wir uns nicht gekümmert. Das gehörte ja nicht zur Politik – wir haben nur große Politik gemacht". (17)

Der Beitrag, den Arbeiter zur Veränderung ihrer zwar allgemeinvermittelten aber doch unterschiedlichen, lokalen Arbeits– und Lebenszusammenhänge leisten konnten, war selten Thema eines kommunistischen Flugblattes. Mehr noch: das Durchschauen des Verhältnisses von sinnlich wahrnehmbaren Erscheinungen und dem dahinter verborgenen Wesen gesellschaftlicher Verhältnisse blieb der individuellen Phantasie überlassen. Die Annahme eines gesellschaftlich notwendig falschen Bewußtseins war die Voraussetzung der kommunistischen Agitation. Wie also sollte diese die Notwendigkeit einer praktischen Negation gesellschaftlicher Zustände begreifen ohne ihre Bedeutung für die Veränderung individueller Lebensumstände angeben zu können?

Ein abstrakter Arbeiter war äußerlicher Adressat kommunistischer Agitation – ihre Funktion war eine nach innen gerichtete Selbstbestätigung der Kommunistischen Partei. Diese Absehung vom konkreten Menschen kennzeichnete Formen und Inhalte kommunistischer Agitation bis an das Ende der Weimarer Republik und darüberhinaus. Begründet lagen diese Aporien in dem Bedingungsgeflecht eines politisch und organisatorisch–technisch zentralisierten Parteiapparats.

So war bis in das Jahr 1931 hinein eine lokale Produktion kommunistischer Agitationsmaterialien in Oldenburg und Osternburg kaum möglich. Erst im Juli 1931 wurde in einem Vertrag zwischen der Bezirksleitung der KPD in Bremen und einer Bremer Firma die Anschaffung einer größeren Zahl von Schreibmaschinen und Vervielfältigungsgeräten geregelt. (18) Von den für die verschiedenen Unterbezirksleitungen vorgesehenen Geräten waren für Oldenburg vier Schreibmaschinen und drei Vervielfältigungsapparate bestimmt. Nach einem späteren Bericht·der Bremer Bezirksleitung zu urteilen, war in Oldenburg vor 1931 außer einer Schreibmaschine kein zur Herstellung von Agitationsmaterial taugliches Produktionsmittel vorhanden.

Bei wichtigen aktuellen Ereignissen konnte die Oldenburger KPD nur in reduzierter Form in die Öffentlichkeit treten.
Es fanden sich in verschiedenen Lageberichten der Polizei — bis in das Jahr 1930 — Hinweise auf maschinenschriftlich hergestellte Flugblätter bzw. Versammlungsankündigungen. So z.b. noch im Juni 1930:

"Die KPD veranstaltete am 21. Mai 1930 im Gewerkschaftshaus eine öffentliche Demonstrationsversammlung gegen das Verbot des RFB. Durch in Maschinenschrift hergestellte Flugblätter war zu dieser Versammlung und einem vorher stattfindenden Demonstrationsumzug aufgefordert worden. Der Zug (...) war (...) nur 40 Mann stark." [19]

Die finanziellen Mittel der Oldenburger Ortsgruppe reichten kaum aus, um den Druck eines Flugblattes in Auftrag zu geben. Ausschlaggebend hierfür war eine finanzielle Regelung in der KPD, die den Ortsgruppen nur 10 % des Beitragsvolumens beließ. [20]
Flugblätter, die lokale Ereignisse behandelte und in einer größeren Auflage vertrieben werden sollten, mußten in der parteieigenen Bremer Druckerei auf Kosten der lokalen Gruppe hergestellt werden. Unter 19 erhaltenen kommunistischen Flugblättern, die im Zeitraum vom Herbst des Jahres 1923 bis zum August 1928 in Oldenburg und Osternburg verteilt wurden, fanden sich nur zwei Exemplare, die von der "KPD—Ortsgruppe Oldenburg" gezeichnet waren. Die weit überwiegende Mehrzahl aller kommunistischer Flugblätter, Klebezettel und Plakate wurde dagegen zentral in Berlin konzipiert, gedruckt und von dort reichsweit vertrieben.
Den Konzentrationsprozeß kommunistischer Agitationsarbeit beschrieb Hermann Weber für das parteieigene Pressewesen:

"Ein wichtiges Instrument zur Beherrschung der Presse schuf sich die Parteispitze mit der 1924 gegründeten PEUVAG (Papiererzeugungs— und Verwertungs Aktiengesellschaft), eine Gesellschaft mit lokalen Betrieben, ähnlich der fast gleichzeitig errichteten 'Konzentration' der SPD. Die PEUVAG übernahm die KPD—Druckereien in den einzelnen Bezirken und stellte sie unter eine zentrale Leitung." [21]

Weber merkt zusätzlich an, daß die KPD—Druckereien "vorher meist sogenannte Arbeitergenossenschaften (waren), in denen Kommunisten Anteile gezeichnet hatten".
Die politisch und technisch zentralistische Konzeption kommunistischer Agitationsarbeit verhinderte die Entfaltung einer autonomen lokalen Öffentlichkeitsarbeit. Eine solche Autonomie war bereits in den frü-

hen politischen Auseinandersetzungen innerhalb der KPD mit der Ausschaltung der linken Opposition allmählich unterbunden worden. Bis auf wenige Ausnahmen wiesen folgerichtig auch die in eigener Regie konzipierten Flugblätter der Oldenburger KPD – wie das Beispiel des zitierten illegalen Flugblattes deutlich macht – die Charakteristika der zentralisierten kommunistischen Agitation auf.

Ein weitaus bedenklicheres Merkmal kommunistischer Politik und ihrer öffentlichen Selbstdarstellung offenbarte sich an der Jahreswende 1931/32. Aufgrund unklarer Mehrheitsverhältnisse im neugewählten Landtag des Freistaats Oldenburg kündigte die NSDAP im November 1931 die Einleitung eines Volksbegehrens zur Landtagsauflösung an. Auch die KPD sah hier eine Chance, den Sturz des "Brüning–Cassebohm–Systems" – wenigstens partiell – zu betreiben, und rief ihre Anhänger zu einem "roten Volksentscheid" auf. (22) Vorbild dieses Zusammengehens war für KPD und NSDAP gleichermaßen der preußische Volksentscheid des Sommers 1931. Gegen den Widerstand des Politbüros hatten damals Stalin und Molotow eine Beteiligung der KPD am Volksentscheid der "Nationalen Opposition" durchgesetzt. (23) Die Unterordnung unter die Interessen der stalinschen Außenpolitik hatte weitreichende Folgen: mit einer zeitlichen Phasenverschiebung wurde am 17. April des Jahres 1932 ein Volksentscheid im Freistaat Oldenburg durchgeführt. Sein Ergebnis war die Auflösung des Landtages. (Noch später, als schon längst neue politische Direktiven den zentralen Kurs der KPD bestimmten, wurden ähnliche Volksbegehren auf lokaler Ebene zur Auflösung von Gemeinderäten eingeleitet.)
In Flugblättern, Sondernummern der Bremer "Arbeiter–Zeitung" und mit einem überdimensionalen Plakat propagierte die KPD in den ersten Monate des Jahres 1932 den "Roten Volksentscheid". Zentrale Wahlkampfparole war eine – auch später beibehaltene – die bodenständige Wahlkampfpropaganda der NSDAP kopierende Losung:

"Arbeit, Boden, Brot und Freiheit!"

Der Anbiederungscharakter dieser Parole an die Interessen des besitzenden Mittelstandes war leicht zu durchschauen. Welcher Landwirt, Kleinunternehmer oder Geschäftsinhaber konnte ihr Glauben schenken? Kommunismus und auch Sozialdemokratie waren – und sind vielfach noch heute – in den Vorstellungen des besitzenden Kleinbürgertums mit dem Trauma des Kollektivismus und der Sozialisierung affiziert. Auf andere Weise verbanden Arbeiter ihre Vorstellungen von kommunistischer Politik – auch auf dem Hintergrund der gesellschaftlichen Ent-

Freiexemplar

Wahl-Zeitung

Rotes Oldenburg

ORGAN DER KOMMUNISTISCHEN LANDTAGS-FRAKTION

NUMMER 1 — Erscheint während des Wahlkampfes in Massenauflagen und wird in jeden Haushalt gratis verbreitet. Herausgeber: Die Landtagsfraktion der Kommunisten — MAI 1932

Arbeit, Boden, Brot und Freiheit!
Nur durch Kampf unter Führung der Kommunistischen Partei

Am 29. Mai sollen die Werktätigen Oldenburgs erneut an die Wahlurne treten, um einen neuen Landtag zu wählen. Der alte Landtag ist gerade ein Jahr alt geworden. Die Oldenburger Werktätigen erinnern sich noch, wie vor dem 17. Mai 1931, dem Tage der letzten Landtagswahlen, Nationalsozialisten und Sozialdemokraten lavund, landab zogen, Versammlungen über Versammlungen durchführten, ihre größten "Kanonen" ins Land jagten, und den Werktätigen Oldenburgs das Blaue vom Himmel herunter versprachen.

Was hat sich im letzten Jahre geändert?

Hat sich ein einziges der Versprechen bewahrheitet?

Die Tatsachen sprechen ein beredtes Nein! Die Zahl der Erwerbslosen aus dem Landesteil Lübeck hat sich ständig vergrößert. Die Lage der Arbeiter in den Betrieben wird von Monat zu Monat, von Woche zu Woche schlechter.

Die Erwerbslosen sollen unter Führung der Kirche und der SA-Häuptlinge in den Arbeitsdienstpflicht gepreßt werden.

Erbarmungslos wütet die Krise unter den werktätigen Bauern. Steuern und Abgaben, Pachtzins, Druck der Großbauern und Groß-agrarier, rauben den werktätigen Bauern das Letzte, treibt sie zur Verzweiflung, jagt sie in vielen Fällen von Haus und Hof.

Nicht besser geht es den Kleinfischern an der Ostseeküste. Auch sie leiden unter dem Druck der Steuern und Abgaben und unter dem ständigen Preisdall, der nur eine Folgeerscheinung der kapitalistischen Krise ist.

Den Angestellten und unteren Beamten der Eutiner Regierung ist in den letzten Monaten ihr Gehalt gekürzt worden. Es gibt keinen unter ihnen, der in den letzten Monaten pünktlich und regelmäßig sein sowie jedes geringe Gehalt rechtzeitig ausgezahlt erhalten hätte.

Dieser kurze Überblick zeigt, wie nicht nur die Arbeiter, sondern alle Schichten der werktätigen Bevölkerung von der Geißel der kapitalistischen Krise erfaßt, immer tiefer in Not und Elend hineinrasend worden sind.

Der letzte Oldenburgische Landtag hat nicht verwaht, auch nur eine einzige Schialvirage des werktätigen Volkes im Interesse der not...

Organisiert den Massenkampf um Arbeitsbeschaffung!

[Zwischenüberschrift] ... Eutiner Regierung — Die Möglichkeit, Arbeit zu beschaffen, ist vorhanden!

Im Landesteil Lübeck zur Zeit 1600 Wohlfahrtsempfänger, die in der Zeit des zusammenbrechenden Kapitalismus keine Möglichkeit zu finden haben, die Reichs- und Länderregierungen organisieren mit ihrem Arbeitsdienstpflicht! Damit wird aber den Arbeitslosen und dem kleinen Mittelstand nicht geholfen. Die Arbeitsdienstpflichtige ist eine Knechtung der Arbeiter ohne Verdienst. Die Eutiner Regierung sowie die Gemeinden organisieren unerhörten die Bildarbeit der Notstandsarbeiter. Durch kleinere Arbeit sollen bei der Arbeitslosen die Unterstützung verkleinern und zu Lohndrückern werden. Die Arbeitslosen sind keine Almosenempfänger. Sie fordern Arbeit und Tariflohn, damit sie ihre Familien ernähren können.

Die Möglichkeit, Arbeit zu beschaffen, ist vorhanden.

Die KPD zeigt den Weg, wie und wo Arbeit beschafft werden kann. Die KPD schlägt folgenden Arbeitsbeschaffungsplan vor, der im Interesse der Erwerbslosen des Landesteils Lübeck sofortige Inangriffnahme von folgenden Arbeiten fordert:

Für Eutin:
1. Bau von 40 Arbeiterwohnungen
2. Durchstich vom Selbenthorst Zee nach dem großen Eutiner Zee

Für Gleschendorf:
Ausbau der Schwartau von Gleschendorf bis Schulenhorst

Für Ahrensbök:
Bau einer Badeanstalt

Für Stockelsdorf:
Bau von 30 Arbeiterwohnungen

Für Schwartau-Rensefeld:
1. Bau von Arbeiterwohnungen
2. Ausbau der Entwässerungsanlagen

Landeseinrichtungen der Chausseen im gesamten Landesteil Lübeck (Asphaltierung und Kleinpflaster) und Neubau folgender Straßen:

1. Straße von Schwentinefeld—Klenzau
2. Straße von Gleschendorf nach Ziegelhol
3. Verlängerung der Chaussee von Kellsau nach Sterntrüb.

Zur Finanzierung dieser Arbeiten fordern die Erwerbslosen:
1. Abbau der Gehälter der höheren Beamten auf 1000 Mark Höchstgehalt.
2. Streichung der Zuschüsse für die Kirche.
3. Erhebung einer Krisensteuer für Großgrundbesitzer bei einem Besitz von 100 Hektar Land aufwärts, 10 Mark pro Hektar.

Die Erwerbslosen des Landesteils Lübeck fordern:
1. Die Unterstützung der Wohlfahrtsempfänger, Sozial- und Kleinrentner wird auf den alten Satz erhöht.
2. Mietzuschuß für alle Erwerbslosen, Sozial- und Kleinrentner; Bezahlung der Lichtgebühren durch die Gemeinden bis zu drei Kilowatt.

Die Arbeiter in den Orten des Landesteils Lübeck müssen sofort Erwerbslosenversammlungen abhalten, Kampfausschüsse und Organisierten und Unorganisierten wählen, für die Forderungen seit der Regierung in Eutin demonstrieren und die Durchführung der Forderungen erzwingen. Ebenfalls muß die Einberufung des Landesausschusses gefordert werden. Derselbe soll die Durchführung des Arbeitsbeschaffungsplans beschließen. Die KPD hat bereits vor Monaten einen Arbeitsbeschaffungsplan bei der Regierung in Eutin eingereicht. Da sie aber nur einen Vertreter im Landesausschuß hat und diese allein die Einberufung des Landesausschusses nicht durchführen kann, auf Grund der Geschäftsordnung, wird das Schlagzlgsuche verschleppt.

Die sozialdemokratischen Vertreter zeigen kein Interesse zur Arbeitsbeschaffung, sondern verhindern dieselben.

Erkämpft euch die Arbeit durch euren Kampf. Bilder die einheitliche Kampffront unter Führung der KPD!

agrarier, rauben den werktätigen Bauern das... Aus der rechten Spalte:

Die Karbsruher Regierung in Oldenburg und ihr Ableger in Eutin als willkürige Werkzeuge, die die Diktatur Brünings mit Notverordnungen und Verfügungen auch in Oldenburg durchführen, aber die Reichshilfe, dieser Organisatoren der Nazi-Überfalle auf klassenbewußte Arbeiter, stehen und praktisch die Politik der Nazis in Oldenburg durchführen.

Wie kann es anders werden? Das ist der Kul, den alle notleidenden Werktätigen jeden Tag erneut ausholen.

Die Nationalsozialisten haben die Unfähigkeit, die Geschicke des werktätigen Volkes in Oldenburg zu meistern, bewiesen. Sie haben im letzten Jahr gehandelt um Regierungssitze, anstatt zu handeln um den Kampf der Werktätigen zu führen.

Die sozialdemokratischen Führer haben vom Kampf gegen den Faschismus geredet, in der Praxis aber die Politik der Cassebohm-Regierung geführt, alle Notverordnungen durchgeführt, und damit gemeinsam mit dem Klassenfeind die werktätigen Massen Oldenburgs verraten.

Die Kommunistische Partei hat seit ihrem Bestehen in Oldenburg einen ständigen, uner-

Wählt am 29. Mai — LISTE 4 KOMMUNISTEN

wicklung in der Sowjetunion — ebenfalls mit diesen Begriffen. Eine kommunistische Wahlkampfpropaganda die derart unvermittelt "Boden und Freiheit" affektiv zu vermitteln suchte, konnte bei beiden Wählerschichten allenfalls Irritationen auslösen. Auf diese Weise ließ sich das Konzept einer proletarischen Revolution, der Errichtung einer Diktatur des Proletariats und des Aufbaus einer klassenlosen Gesellschaft weder Arbeitern noch Bürgern näher bringen. Die scheinhafte Ansprache emotionsbesetzter Interessen konnte die Aporien kommunistischer Öffentlichkeitsarbeit nicht lösen.

Als Ergebnis des "Braun—Roten Volksentscheids" (Schaap) brachte die Landtagswahl vom 29. Mai 1932 der NSDAP die absolute Mehrheit der Mandate ein. (24)
Mit der ersten rein nationalsozialistischen Regierung war der Freistaat Oldenburg zum Paradebeispiel des Aufstiegs des Nationalsozialismus geworden.

4.

Die zahlreichen Wahlen der letzten drei Jahre der Weimarer Republik waren Anlässe für einen Schwerpunkt kommunistischer Versammlungstätigkeit. Einen Höhepunkt kommunistischer Wahlkämpfe jener Jahre bildete der Auftritt Ernst Thälmanns in Osternburg aus Anlaß der Landtagswahlen vom 17. Mai 1931. Insbesondere bei Veranstaltungen im Rahmen von Wahlkämpfen war die Präsentation bekannter Persönlichkeiten ein strukturierendes Merkmal kommunistischer Außendarstellung und der Begriff des "Führers" hatte sich in der KPD zur Kennzeichnung Thälmanns längst allgemein durchgesetzt. Auch in dieser Hinsicht war schlecht mit der NSDAP zu konkurrieren. Maßgebende Mitglieder der NSDAP wie Goebbels, Göring, Strasser, Heß und Hitler inszenierten häufig Auftritte in der Stadt Oldenburg. Erst einige Tage vor der Ankunft Thälmanns hatte eine nationalsozialistische Großkundgebung am 10.5.1931 ihren Abschluß in einer Rede Hitlers vor etwa 10.000 auf dem Pferdemarkt versammelten Personen gefunden.

Die kommunistische Wahlveranstaltung mit Ernst Thälmann fand – wie überhaupt die meisten Veranstaltungen der KPD – in der Osternburger "Tonhalle" statt.

Hier, unweit der Glashütte, der Warpsspinnerei und der Arbeiterkolonien, waren Kundgebungen anderer Parteien äußerst selten und nur in Wahlkampfzeiten zu beobachten. Umgekehrt bei der KPD: nur in Wahlkampfzeiten und bei einigen kulturell–politischen Veranstaltungen wurden Versammlungssäle in der Stadt Oldenburg benutzt.

Von der "Tonhalle" aus bewegte sich ein Zug von etwa 300 Kommunisten zum Oldenburger Hauptbahnhof, um Ernst Thälmann in Empfang zu nehmen. Nach einem "dreifachen 'Rot Front' " zog man unter Begleitung einer Bremer Musikkapelle durch die Geschäftsstraßen der Innenstadt zurück zur Tonhalle.

"Beim Vorbeimarsch an dem Geschäftshaus der NSDAP in der Langen Straße brachten die Kommunisten Hochrufe auf die Sowjet–Republik und Niederrufe gegen Hitler aus." (25)

Zentraler Aspekt der fast "dreistündigen Ansprache" Thälmanns vor "rd. 1.200 Personen" (26) war die Proklamation eines "Bauernhilfsprogramms der KPD". Für die Verkündung eines derartigen auf "die Lage der werktätigen Bauern" zugeschnittenen Programms war die Osternburger "Tonhalle" nun gerade nicht der geeignete Ort. Zwar war Oldenburg die Hauptstadt eines Landesteils, in dem landwirtschaftliche Produktion überwog und der besonders schwer unter einer strukturellen

Agrarkrise litt. Zwischen protestantischen Landarbeitern, die im nord-westlich Oldenburgs gelegenen Amt Westerstede gerade durch diese Krise zu einem frühen Wählerpotential der NSDAP geworden waren und einer katholischen Bevölkerung der südoldenburgischen Ämter, die ein treues Wählerreservoir des Zentrums war, hatte die KPD aber nur einen marginalen Einfluß unter einer kleinen Schicht armer Moorkolonisten in den weitläufigen Fehngebieten. (27)

Da die Oldenburger KPD zudem ständig durch die Bremer Bezirkslei-tung – ohne durchschlagenden Erfolg – zu einer "Landarbeit" gedrängt wurde, mußte der Osternburger Auftritt Thälmanns eine vorübergehen-de Episode bleiben.

Für Osternburger Kommunisten war der Aufenthalt Thälmanns in "ihrem" Osternburg ein bewegendes Ereignis. Ein Teilnehmer der Ver-sammlung erinnerte sich seines Eindrucks:

"Wir haben Ernst Thälmann vom Bahnhof abgeholt. Tausend Mann, großer Umzug. Die KPD hatte eine gute Kapelle: also Trommler und diese Feldhörner. Diese Fanfaren, die runden Hörner. Und die waren ziemlich stark. Und wenn die durch die Stadt ... dann dröhnte alles. Mit Pauken und Trompeten. Und na, ich kann mich erinnern, ich ging so drei bis vier Meter hinter Ernst Thälmann. Ernst war ja so'n kleiner, wuchtiger, ein kompakter Kerl ... Seine blaue Mütze, seine typische Mütze. Und der Mann hat acht Stunden ein Referat gehalten in der Tonhalle. Er hat das Arbeiter– und Bauernprogramm verkündet. – Das war eine dicke Broschüre. Aber der konnte auch frei sprechen: die Ärmel wurden hochgekrempelt und dann hat der da acht Stunden die-ses Programm verkündet." (28)

Die Versammlung schloß mit "Rot–Front–Rufen" – so der Polizeibe-richt – und: Diskussionsredner waren nicht zugelassen.

In einem späteren Bericht der Bremer Bezirksleitung der KPD wurde der Auftritt Thälmanns mit folgenden Zeilen beschrieben:

"Wir führten die Landtagswahlkampgne unter der Parole "Volksaktion für Arbeit, Boden, Brot und Freiheit". (...) Am Sonnabend den 16. Mai, am Tage vor der Wahl sprach in Oldenburg vor mehr als 3000 Arbeitern und Bauern der Führer der Kommunistischen Partei und Mitglied des EKKI, der Genosse Ernst Thälmann, und verkündete dort unter unge-heurem Jubel den anwesenden Arbeiter und Bauern das Bauernhilfspro-gramm der Kommunistischen Partei Deutschlands." (29)

Repräsentationsgesichtspunkte bestimmten durch die Struktur einer weiteren Form lokaler kommunistischer Versammlungstätigkeit. Im Mittelpunkt solcher Veranstaltungen standen Namen und Auftritte bekannter Künstler oder Agit–Prop–Gruppen. Eine erste dieser Veranstaltungen wurde am 9. Oktober des Jahres 1924 mit dem Worpsweder Maler Heinrich Vogeler im Saal des Ziegelhofes durchgeführt. [30] Vogeler berichtete vor etwa 500 Personen – "zwei Drittel der Teilnehmer waren keine Kommunisten" – über Eindrücke eines eineinhalbjährigen Rußlandaufenthalts. Dabei standen ausführliche Informationen über Arbeits– und Lebensbedingungen in der Sowjetunion im Vordergrund.

Irritiert über die unpathetische Art der Ausführungen Vogelers notierte der polizeiliche Veranstaltungsbeobachter, daß "nicht eine einzige Person Beifall spendete".

Derartige informative Veranstaltungen waren im Rahmen kommunistischer Öffentlichkeitsarbeit äußerst selten. Hieß es doch in einer Anregung der Abteilung Agitation und Propaganda des Bezirks Nordwest:

"In unseren Zeitungen und Reden wird nicht genügend die offensive Sprache der absoluten Siegesgewißheit geführt. Die Begeisterung des kommenden Sieges des Proletariats unter Führung der Kommunistischen Partei muß vielmehr von uns in die Massen getragen werden."(31)

Immerhin fielen diese Wort nicht im Herbst des Jahres 1923, sondern im November des Jahres 1932: eine "offensive Sprache der absoluten Siegesgewißheit" konnte im Zeichen der sich anbahnenden Niederlage der deutschen Arbeiterbewegung nur illusionierende Wirkungen zeitigen. Kommunistische Veranstaltungen gaben nur selten den Rahmen ab für eine gemeinsame Verbreitung individueller Anliegen zu kollektiver Erfahrung als Voraussetzung einer die eigenen und damit zugleich gesellschaftlichen Verhältnisse ändernden Tätigkeit.

Eine solche Praxis konnte sich in Osternburg nur in rudimentären Formen entwickeln. Es waren eher anarchische Momente von Aktivität, die in einer spontanen Abwehr faschistischer Bedrohungen gegen die Lebenszusammenhänge Osternburger Arbeiter zum Ausdruck kamen. Am Rande organisierter KPD–Politik artikulierte sich "Selbsthelfertum" (Georg Lukacs) auf der Straße.

Ansätze einer derartigen Bewegung entwickelten sich, parallel zum örtlichen Aufstieg des Faschismus, Ende des Jahres 1930. Anlaß einer anfangs noch vereinzelten, später massenhaften, spontanen und gewalttätigen Bewegung war der Versuch der Oldenburger NSDAP eines demonstrativen Vorstoßes auf Osternburger Gebiet.

Erstmalig anläßlich ihres ersten Gauparteitages im November des Jahres 1930 hatte die NSDAP einen Demonstrationszug durch das Arbeiterviertel Osternburgs angemeldet. Eine von "rd. 500 Personen" durchgeführte Gegenkundgebung der KPD war von der Polizei so dirigiert worden, daß sie mit dem Umzug der NSDAP nicht zusammentreffen konnten. Jedoch:

"Als der Zug der Nationalsozialisten durch das Arbeiterviertel Osternburgs marschierte, hatten dort zahlreiche Kommunisten Aufstellung genommen, die auf die Rufe der Nationalsozialisten 'Heil', 'Heil Hitler', 'Deutschland erwache' usw. Gegenrufe wie 'Rotfront', 'Nieder mit den Faschisten', 'Nieder mit den Arbeitermördern' usw. ausstießen und z.T. eine drohende Haltung einnahmen. An der Straßenkreuzung Nord–und Hermannstraße (d.i. der "Rote Platz", Anm. d. Verf.) war das Verhalten der Kommunisten, die sich mit Schmährufen förmlich überboten, und sogar einige Grasbülten in den Zug der Nationalsozialisten warfen, besonders herausfordernd, so daß die dichte Kette der Ordnungspolizeibeamten nur mit großer Mühe und unter Gewaltanwendung die spalierbildende Menge, welche mit erhobenen Fäusten die Absperrung zu durchbrechen versuchte, zurückhalten konnte." (32)

Zwei Monate später waren es nicht mehr nur"Grasbülten",mit denen die Nationalsozialisten in Osternburg empfangen wurden. Im Verlauf einer in der Wirtschaft Barkemeyer, im Zentrum des Arbeiterviertels, durchgeführten Kundgebung der NSDAP (Thema: "Rote Justiz") kam es zu schweren Auseinandersetzungen, die die Oldenburger Landesregierung zu einer öffentlichen Warnung an die politischen Parteien des Landes veranlaßten. (33)

Schon beim Anmarsch der SA– und SS–Truppen und im Versammlungssaal selbst war es zu tumultartischen Szenen gekommen, da der Saal bereits vor der Ankunft der Nationalsozialisten von Osternburger Arbeitern besetzt worden war.

"Dem Leiter der Versammlung wollte es nicht gelingen, sich Gehör zu verschaffen. Sobald er sprach, wurde von der Menge geschrien , gejohlt und gepfiffen. Auch wurde die "Internationale" gesungen." (34)

Erst nach einem massiven Polizeieinsatz "leerte sich der Saal" und die etwa 100 Nationalsozialisten konnten ihre Versammlung durchführen. Bei dem Rückmarsch der uniformierten Versammlungsteilnehmer artikulierten Osternburger Arbeiter ihren Protest gegen die Politik der NSDAP:

"Obgleich die Nationalsozialisten, unbekümmert um das einsetzende Geschimpfe der die Bürgersteige besetzt haltenden Menge, sich zu einem Zuge formierten und in Ruhe abmarschierten, wurden sie auf ihrem Wege durch die Straßen Osternburgs aus dem Hinterhalt mit Mauersteinen, Schottersteinen von der Bahn, Flaschen usw. beworfen". (35)

Der nationalsozialistische Stadtratsvorsitzende Dr. Brand, der SS–Uniform trug, erlitt durch einen Steinwurf eine lebensgefährliche Schädelverletzung.
In der Folgezeit kam es wiederholt zu ählichen Widerstandsformen gegen Massenaufmärsche der NSDAP, die Umzüge durch Osternburg bereits einige Monate später – unter Teilnahme Hitlers – wiederholen sollte. In einer gegen die "faschistische Provokation" gerichteten Protestversammlung der KPD fielen dann die denkwürdigen Worte:

"Osternburg ist rot, und Osternburg bleibt rot." (36)

Die Haltbarkeit dieser Röte war bereits in Frage gestellt, als sich die Oldenburger KPD und die im Oktober des Jahres 1931 entstandene SAP zu einer – von der KPD–Bezirksleitung später gerügten – gemeinsamen antifaschistischen Kundgebung in Osternburg zusammenfanden.
Sie wurde von der Polizei des mittlerweile von einer nationalsozialistischen Regierung regierten Freistaates Oldenburg gewaltsam aufgelöst. (37)
So blieb dieses Beispiel einer von den offiziellen Parteilinien abweichende Bündnispolitik ein Einzelfall.
In einem Rundbrief der Berliner Zentrale an die KPD–Bezirke vom Dezember 1923 hatte es geheißen:

"Die KPD muß unter allen Umständen die Straße wieder erkämpfen!" (38)

Unabhängig vom aktuellen Anlaß dieser Mahnung war damit ein Hinweis auf ein Charakteristikum öffentlicher KPD–Auftritte gegeben. Doch wie war die lokale Öffentlichkeit kommunistischer Politik in den Straßen Oldenburgs und Osternburgs konkret beschaffen?
Zum Antikriegstag des Jahres 1926 führte die Oldenburger Ortsgruppe

der KPD "Antikriegskundgebungen" durch. Ein Demonstrationsmarsch führte, ausgehend von Osternburg, durch die Innenstadt zum Pferdemarkt.

"An dem Marsch beteiligten sich nur rd. 50 Mann einschließlich der Trommler– und Pfeiferkorps des RFB. Außer der Sowjetfahne wurden Schilder mit den Aufschriften 'Proletarier schließt die rote Klassenfront' im Zuge mitgeführt. Auf dem Pferdemarkt hielt der Kommunist Müller–Bremen eine Ansprache, in der er zum Kampf gegen das Kapital und zum Eintritt in den RFB aufforderte. Mit einem Hoch auf das revolutionäre Proletariat schloß er seine Ansprache. Hierauf löste sich der Zug auf." (39)

Ein gemeinsamer Rückmarsch der Kundgebungsteilnehmer nach Osternburg fand nicht statt, "wahrscheinlich wegen der geringen Beteiligung", wie der Polizeibericht vermutete.
In einem späteren Kommentar merkte die Bremer Arbeiterzeitung kritisch an,

"daß die revolutionäre Arbeiterbewegung in der Stadt Oldenburg es nicht verstanden hätte, die breite Masse auf die Straße zu bringen (...)". (40)

Im Februar des Jahres 1928 veranstaltete die Oldenburger KPD aus Anlaß des zehnjährigen Bestehens der Roten Armee einen Umzug.

"Der Umzug, der aus rd. 50 Rotfrontkämpfern bestand, bewegte sich durch verschiedene Straßen (...) nach Donnerschwee." (41)

Zwar waren in den letzten Jahren der Weimarer Republik zunehmend größere Kundgebungen und Umzüge der Oldenburger und Osternburger Kommunisten zu beobachten, mehr als etwa 500 Personen nahmen jedoch, nach Angaben der Polizeiberichte, selten daran teil. Ablauf und Form dieser Umzüge blieben, auch bei unterschiedlichen politischen Anlässen, unverändert. In der Regel sammelte man sich auf dem "Roten Platz" vor dem kommunistischen Versammlungszentrum, der Tonhalle, um sich geschlossen durch die Straßen Osternburgs und der Stadt zu einem Kundgebungsort oder einem Versammlungssaal zu begeben. Nach Ende der Kundgebung marschierte man gemeinsam zur Tonhalle zurück. Dieses Grundmuster kommunistischer Umzüge blieb auch bei einer Protestkundgebung am 17. März des Jahres 1931 aus Anlaß der

Ermordung des kommunistischen Bürgerschaftsabgeordneten Hennings aus Hamburg gewahrt.

"Der Abmarsch der KPD erfolgte um 18.30 Uhr vom 'Roten Platz' in Osternburg. Stärke des Zuges etwa 120 Mann. Eintreffen des Zuges auf dem Pferdemarktplatz kurz nach 19.00 Uhr; hier forderte Stadtratsmitglied Döpke die Versammelten kurz auf, recht zahlreich die Versammlung im Lokal 'Alt—Osternburg' zu besuchen. Anlaß hierzu sei die Ermordung des kommunistischen Bürgerschaftsmitglieds Hennings in Hamburg durch Angehörige der NSDAP." (42)

Ein weiterer Redner "geißelte die Kampfweise der 'Nazimordbanditen' " und forderte die Teilnehmer der Kundgebung zum Eintritt in den "Kampfbund gegen den Faschismus" auf.

"Gegen 19.15 Uhr setzte sich der Zug, der auf etwa 150 Teilnehmer angewachsen war, wieder in Bewegung und marschierte am Parteihaus der NSDAP vorbei (...) zur Tonhalle in Osternburg, wo im Saale eine Protestkundgebung stattfand. Abgesehen von den üblichen Niederrufen beim Vorbeimarschieren am Parteihaus der NSDAP kam es zu keinen Zwischenfällen". (43)

In der Tonhalle wurde vor etwa 400 Personen die Versammlung von einem "auswärtigen Redner der KPD" bestritten, der "mit der NSDAP, der Sozialdemokratie und dem Kapitalismus" "abrechnete".

" 'Besonders die Sozialdemokratie hat durch ihre laue Politik den ganzen Wirrwarr verschuldet.' Allein der Kommunismus biete die Rettung für das Proletariat.
Da sich niemand zu Wort meldete, schloß der Versammlungsleiter (Döpke) gegen 22.00 Uhr die Versammlung". (44)

Geringe Teilnehmerzahlen an kommunistischen Umzügen waren nicht unbedingt ein Indiz für Wirkungslosigkeit,wohl aber für ein Unvermögen kommunistischer Politik in Oldenburg und Osternburg, parteilose Arbeiter für eine aktive Mitwirkung in den Formen politischer Praxis der lokalen KPD zu gewinnen: Kommunistische Versammlungen, Kundgebungen und Umzüge fanden ein stummes Publikum.
Ein Publikum, das in der vertrauten Umgebung der Arbeiterkolonie Osternburgs alles andere als stumm war: Da lebten weitgereiste Glasmacher, die für Geselligkeit und Vergnügungen aller Art bekannt waren.

Da waren Gesang— und Sportvereine, die ihre Vereinsabende in Wirtshäusern abhielten. Da lebten, nicht zuletzt, zahlreiche Arbeiterfamilien aus Ost— und Südosteuropa, die auch des abends vor den kleinen Werkswohnungen die Straßen bevölkerten. Und: hier lebte die große Mehrheit der Mitglieder der KPD.

Von der Erkämpfung der Straße war die Rede — war diese Straße eine konkrete Straße, etwa in diesem Teil Osternburgs, oder war mit dem Begriff der Straße nur eine Scheinkonkretion gegeben? In der Politik der lokalen KPD war die Straße der Ort der wahrnehmbaren Präsenz der Kommunisten. Im Unterschied zu Veranstaltungen in geschlossenen Räumen konnte bei Kundgebungen auf der Straße der Adressat der Demonstration bestimmt werden. Die Intention des Umzuges entschied über ihren Verlauf:

Erwerbslosenkundgebungen führten häufig durch die Geschäftsstraßen der Innenstadt, in der Absicht, dem städtischen Bürgertum die Not von Arbeitslosen sicht— und hörbar kundzutun, wöchentliche Umzüge des Trommler— und Pfeiferkorps des RFB fanden, wie bei Patrouillen einer Wachmannschaft, auf immer demselben Weg durch die Straßen des Osternburger Arbeiterviertels statt. In allen Fällen jedoch — in Versammlungssälen oder unter freiem Himmel — glich das äußere Bild der öffentlichen Manifestation kommunistischer Politik einem erratischen Block. Nur gelegentlich wurde dessen Form gesprengt, wenn etwa Frauen und Kinder sich in die uniformierten Kolonnen des RFB mischten, oder — seltener — wenn sich eine Vergrößerung eines kommunistischen Umzugs durch Passanten beobachten ließ. Die Funktion eines kommunistischen Umzuges lag in der demonstrativen Repräsentation der KPD. Daneben hatten durch mitgeführte Plakate signalisierte aktuelle politische Anlässe nur einen jener Funktion untergeordneten Stellenwert.

Eine — auch akustisch — plakative Form der politischen Information eignete kaum zur selbsttätigen Einbeziehung von Arbeitern, die außerhalb der KPD standen. Aktions— und Agitationsstile der Osternburger KPD waren integrales Moment einer theoretischen und praktisch—politischen Konzeption, die mit der Tätigkeit der Partei die Substitution der Arbeiterklasse intendierte. Es lag in der Logik einer die Formen bürgerlicher, repräsentierender Politik verdoppelnden Praxis, daß sie einer selbsttätigen und autonomen Aktivität der Klasse entbehren konnte. Erst deren Bewegung vermochte die Formen jener in Frage zu stellen.

5.

Den Strukturen kommunistischer Selbstdarstellung eigneten weder wesentliche Momente frühbürgerlichen, räsonierenden Politikverständnisses, wie es von Habermas mit dem Begriff der "Diskussion" analysiert wurde, noch dezidiert proletarische, handlungsorientierende Aktionsformen, wie sie von Negt/Kluge unter dem Begriff der "proletarischen Öffentlichkeit" quasi idealtypisch dargestellt wurden. (45) Die Umzüge und Versammlungen der lokalen Kommunistischen Partei demonstrierten die starren Schemata einer weder auf Kommunikation noch auf tätige Veränderung bedachten statischen Repräsentanz.

In nahezu klassischer Weise äußerte sich kommunistische Politik als "serielles Verhalten" (Sartre) (46) anläßlich der jährlich wiederkehrenden Feiern und Umzüge am 1. Mai. So sah der Oldenburger ADGB im Jahre 1925 erstmalig von einer öffentlichen Kundgebung aus Anlaß des 1. Mai ab,

"da im vorigen Jahre die Kommunisten den Beschluß, keinerlei parteipolitische Propaganda im Festzuge zu betreiben, durchbrochen hatten". (47)

Die Gewerkschaften überließen daher den beiden Arbeiterparteien die Durchführung von Veranstaltungen, die ein Spiegelbild der Sympathien für die Politik der KPD boten. Während die SPD am Vormittag eine "gut besuchte" Versammlung in Osternburg durchführte und am Abend einen "Unterhaltungsabend mit nachfolgendem Tanz" organisierte, zog eine kleine Gruppe von Kommunisten nachmittags

"in einer Stärke von kaum 50 Mann mit 2 roten Fahnen von Osternburg her durch die Stadt zum Pferdemarkt". (48)

Nach einer kurzen Ansprache des KPD–Landtagsabgeordneten Müller und "einem Hoch auf die Internationale" zogen nun mehr 30 Kommunisten geschlossen nach Osternburg zurück. Die selbstverursachte öffentlich demonstrierte Isolierung der Kommunisten war – wenn auch in modifizierter Form – im folgenden Jahr zu beobachten.

Ein von der KPD vorgeschlagener gemeinsamer Demonstrationszug der Parteien und Gewerkschaften scheiterte an der SPD und am ADGB, die eine Ausklammerung parteipolitischer Aspekte auf der Maiveranstaltung wünschten, und eine Demonstration aus Gewerkschaftsverbänden durchsetzten. Zwar beteiligte sich die KPD am gemeinsamen gewerkschaftlichen Umzug, betonte jedoch durch die Form der Beteiligung ihre Sonderrolle:

"An dem vom ADGB veranstalteten Festzug nahmen etwa 1500 Personen teil. Im Zuge befanden sich mehrere Musikkapellen und ein Trommler— und Pfeiferkorps des RFB, dem eine kleine Gruppe der KPD folgte. Im übrigen war der Zug nach Gewerkschaften geordnet. Außer 21 Fahnen wurden verschiedene Schilder mit Aufschriften im Zuge getragen, welche Forderungen der Arbeiterschaft enthielten."(49)

Zusätzlich veranstalteten beide Arbeiterparteien eigene Versammlungen: die SPD hielt eine Morgenfeier in der Osternburger Tonhalle ab und die KPD hatte zu einer Abendfeier in die Tonhalle aufgerufen. Im Jahr 1927 scheiterte wiederum der Vorschlag der KPD einer gemeinsamen Kundgebung mit SPD und Gewerkschaft. Dieses Mal riefen die Kommunisten zu einer eigenen Demonstration auf, die unter Beteiligung der RFB—Kapelle, einer Gruppe kommunistischer Erwerbsloser und einer Abteilung kommunistischer Arbeitersportler stattfand. Die Angaben über die Teilnehmerzahlen schwankten zwischen "1.500 — 2.000 Personen" (Arbeiterzeitung) und rund 250 Männern und Frauen (Polizeibericht). (50)

Im Zeichen eines Wahlkampfes für Landtags— und Reichstagswahlen erlebte Oldenburg im Jahre 1928 eine letzte gemeinsame gewerkschaftliche Maikundgebung, an der sich — nach Polizeiangaben — 1.500 Personen beteiligten. (51)

Im Jahr 1929 symbolisierten die getrennten Maiumzüge einen Höhepunkt der Zerrissenheit der Gewerkschaften. Obwohl eine Demonstration des ADGB mit etwa 800 Teilnehmern veranstaltet wurde, beteiligten sich der örtliche Metallarbeiterverband und der Verband der Stellmacher an dem Maiumzug der KPD, in dem sich neben den Fahnen der Verbände unter anderem Transparente mit folgenden Aufschriften fanden:

"Kampf gegen den imperialistischen Krieg",
"Gegen den Spaltungskurs der Reformisten",
"Für Arbeit und Brot",

"Für die Diktatur des Proletariats",
"Für die Unterstützung Sowjet—Rußlands". (52)

Unter ähnlichen Parolen demonstrierten auch ein Jahr später – 1930 – im kommunistischen Maiumzug die lokalen Verbände des Metallarbeiterverbandes und des Dachdecker—Verbandes, während andere Verbände des ADGB mit sozialdemokratischen Organisationen eine Demonstration durchführten. (53)

Neben einigen wechselnden kleineren Verbänden, wie etwa denen der Dachdecker und Stellmacher, wiesen vor allem der Metallarbeiterverband und der Baugewerksbund eine Mitgliederschaft auf, die sich mehrheitlich oder zu einem großen Teil an der Politik der KPD orientierte. Die Anhängerschaft der KPD rekrutierte sich – ebenso wie die Mitgliedschaft – überwiegend aus den Schichten der Facharbeiter und

Handwerkergesellen. Insgesamt schien im Ortskartell des ADGB eine starke Minderheit radikaler Facharbeiter und Handwerkergesellen, die Politik der KPD zu unterstützen.

Ausschlüsse von KPD—Mitgliedern oder einzelne Verbandsleitungen aus dem Ortskartell des ADGB, wie sie andernorts durchaus die Regel waren, ließen sich in Oldenburg nur schwer durchführen. Die Zurückhaltung führender sozialdemokratischer Gewerkschaftler ließ sich in diesem Punkt nicht nur durch eine Rücksichtnahme auf die zahlenmäßig bedeutende kommunistische Anhängerschaft in Einzelgewerkschaften erklären. Anzunehmen ist eher, daß das in Oldenburg bei der gegebenen Wirtschafts—und Sozialstruktur ohnehin geringe politische Gewicht der Arbeiterschaft und der Gewerkschaften durch eine gewerkschaftliche Spaltung gegenüber den politisch rechtsstehenden Repräsentanten des städtischen Bürgertums zusätzlich an Bedeutung verloren hätte. Der politische Druck auf die Arbeiterschaft leistete so einen Beitrag zum organisatorischen Zusammenhalt der Gewerkschaften und dadurch indirekt zur Ausweitung des politischen Spielraums der KPD innerhalb der lokalen freien Gewerkschaften.

Die durch die lokalen gesellschaftlichen Konstellationen bedingte institutionalisierte Zusammenarbeit von Kommunisten und Sozialdemokraten im ADGB war jedoch längst ein Sonderfall geworden. Der Dissoziationsprozeß der Arbeiterbewegung war nicht mehr aufzuhalten: die KPD betrieb bis in die Verästelungen von Arbeitersport— und Sängervereinen ihre interne Ausgrenzung im Ensemble der Öffentlichkeit der lokalen Arbeiterbewegung. So konnten die Feiern des Kampftages der Arbeiterklasse, letztlich folgerichtig, den Abgrenzungen in der Arbeiterbewegung nur ihren öffentlichen Ausdruck verleihen. Seit dem Jahr 1930 gab es daher in Oldenburg nun mehr auch organisatorisch völlig getrennte Maikundgebungen. Hier die Berichte der städtischen Polizei über die Maiveranstaltungen 1931:

"An dem Maiumzug der Kommunisten beteiligten sich rd. 700 Personen, einschl. Frauen und Kinder. Im Zuge marschierten in S.A.–Uniform die aus der N.S.D.A.P. ausgetretenen und zur K.P.D. übergetretenen Arbeiter Weert de Buhr und Nagelschmidt, die ein Plakat mit der Aufschrift 'S.A.–Proleten, reiht Euch ein in die rote Klassenfront' trugen. Abends fand in Osternburg eine Feier statt, bei der die Blauen Blusen und eine Schalmeienkapelle aus Bremen mitwirkten. Zu Störungen der öffentlichen Ordnung und Sicherheit ist es am 1. Mai nicht gekommen."

"Maifeier der S.P.D., der Gewerkschaften, der Arbeiter–Jugend und der Arbeiter–Turn– und Sportvereine.
An dem Umzug durch die Straßen der Stadt zum Ziegelhof nahmen rd. 2000 Personen, darunter allein rd. 500 Arbeiter und Angestellte der G.E.G.–Fleischwerke teil. Im Ziegelhof hielt nach einer kurzen Begrüßung durch den Landesarbeiterrat Graeger der Vorsitzende des Osnabrücker Metallarbeiter–Verbandes Haas eine längere Ansprache über die Bedeutung des 1. Mai. Der übrige Teil des Nachmittags und der Abend wurden mit Vorführungen der Arbeiter–Turn– und Sportvereine und mit Tanz ausgefüllt. Beide Ziegelhofsäle waren voll besetzt. Die Feier verlief ohne Störungen." (54)

Wenige Tage nach diesen Maifeiern erlebte die Stadt Oldenburg am 10. Mai 1931 eine der größten Kundgebungen ihrer Geschichte: anläßlich eines SA–Aufmarsches, der seinen Abschluß mit einer Ansprache Hitlers fand, versammelten sich etwa 10.000 Personen auf dem Pferdemarkt, einem weitläufigen Platz in Zentrumnähe. KPD, SPD und Gewerkschaften hatten zu getrennten Gegenkundgebungen aufgerufen. Die Ohnmacht des zerfaserten Widerstands und zugleich die strukturelle Schwäche kommunistischer Politik offenbarte sich, als während der Rede Hitlers, die über vier Lautsprecher übertragen wurde, von einem weitentfernten Gebäude aus der Kommunist Edgar André die Rede Hitlers zu unterbrechen suchte. Der Polizeibericht vermerkte:

152

10.5.1931, Adolf Hitler auf dem Oldenburger Pferdemarkt (rechts neben ihm auf dem Podium Carl Röver, Gauleiter des Gaues Weser-Ems, hinten 2.v.r. Rudolf Heß) – Man achte auf den kleinen Hitlerjungen, der in den Grußsymbolen noch nicht sehr bewandert ist!

"Erwähnt sei noch , daß während der Kundgebung der Nationalsozialisten auf der Ostseite des Pferdemarktplatzes das hamburgische kommunistische Bürgerschaftsmitglied Edgar André aus Cuxhaven versuchte, von der Wohnung eines Kommunisten in der alten Kaserne auf der Westseite des Platzes zu der Menge zu sprechen und eine Wahlrede zu halten. Als Polizeibeamte gegen ihn einschreiten wollten und zu diesem Zweck in die Kaserne eindrangen, war André bereits geflüchtet." (55)

Am 1. Mai des Jahres 1932 war neben den nun schon fast traditionell getrennten Maikundgebungen von KPD sowie SPD und ADGB eine dritte Maidemonstration veranstaltet worden. Organisator des wohl kleinsten Maiumzuges war die Sozialistische Arbeiterpartei (SAP), die im Herbst des Jahres 1931 mit dem Anspruch auf Überwindung der Spaltung der Arbeiterbewegung gegründet worden war. Wenige Wochen

153

Maiumzug der Oldenburger SAP, 1. Mai 1932 (Privatarchiv Detlef Roßmann)

später trat der — aufgrund des von KPD und NSDAP organisierten erfolgreichen Volksbegehrens — neugewählte Landtag des Freistaats Oldenburg zusammen. Die NSDAP konnte, dank ihrer absoluten Mehrheit, die Macht legal übernehmen.

Unter den Bedingungen der Illegalität und polizeilich gesucht erlebte ein Osternburger Kommunist den 1. Mai des Jahres 1933. In der Wohnung eines Bekannten verborgen konnte er durch die Fenstergardinen den ersten faschistisch organisierten Maiumzug beobachten:

"Die Arbeiter und Beamten hatten ja alle frei bekommen; die kamen da vor meinem Fenster vorbeigezogen und sangen. Ich dachte, ich höre nicht richtig. Weißt du, was die da sangen? 'Der Mai ist gekommen, die Bäume schlagen aus' ". (56)

Es war der Grabgesang auf die Arbeiterbewegung der Weimarer Republik.

(1) Niedersächsisches Staatsarchiv, Oldenburg. Best. 136 – 2861.

(2) So scheiterten beispielsweise lokale und überregionale Versuche des Wiederaufbaus der Arbeitersportbewegung nicht nur am mangelnden Interesse der im Faschismus großgewordenen Generation, sondern auch am kategorischen Widerstand des Parteivorstands der SPD. Vgl.: Horst Ueberhost, Frisch, frei, stark und treu. Die Arbeitersportbewegung in Deutschland 1893 – 1933. Düsseldorf 1973, S. 279 ff.

(3) Detlef Roßmann, Kommunistische Öffentlichkeit in Oldenburg–Osternburg 1918 – 1933. Kritische Untersuchungen zum Verhältnis von Arbeiteralltag und Politik der KPD. Diss. Universität Oldenburg 1979.

(4) Die Gemeinde Osternburg hatte zum Zeitpunkt ihrer Eingemeindung in die Stadt Oldenburg im Jahre 1922 ca. 14 000 Einwohner. Die Glashütte beschäftigte in Zeiten der Hochkonjunktur zwischen 1919 und 1933 maximal 500 Arbeiter, die Warpsspinnerei und –stärkerei an die 150 überwiegend ungelernte Arbeiterinnen.

(5) Vgl.: Wolfgang Günther, Die Revolution von 1918/19 in Oldenburg. Oldenburg 1979.

(6) Ortschaftsverzeichnisse für den Freistaat Oldenburg, Oldenburg 1922 und Oldenburg 1934.

(7) Roßmann, a.a.O., S. 26 ff.

(8) Eine ausführliche Analyse der Wahlen und Wählerbewegungen a.a.O. S. 345 – 362. Dort auch detaillierte Quellennachweise.

(9) Best. 262–1 Nr. 52 a

(10) Ossip K. Flechtheim, Die KPD in der Weimarer Republik. Frankfurt am Main 1969, S. 233.

(11) Best.136, Nr. 2866, Lagebericht v. 1931 III 18.

(12) G I. Der Baugewerksbund und der Metallarbeiterverband waren die beiden größten Einzelgewerkschaften in der Stadt Oldenburg. Sie wurden von jeweils einem hauptamtlichen Sekretär geleitet, die beide Kommunisten waren (A. Schütt im Baugewerksbund und R. Richter im Metallarbeiterverband). Aus Gründen des Persönlichkeitsschutzes bleiben die Namen der Gesprächspartner unerwähnt. Die Interviewpartner werden stattdessen mit G 1, G 2

usw. zitiert. Die Tonbandprotokolle mit den Gesprächen befinden sich im Besitz des Verfassers.

(13) Best. 136–2866, Lagebericht (LB) der städtischen Polizei v. 1924 VIII 15.

(14) A.a.O.

(15) Vgl. die Lageberichte der Städtischen Polizei aus dem Jahr 1923 in Best. 136 Nr. 2866.

(16) Best. 136–2862. Das Flugblatt wurde am 16. Mai 1933 von einer Einwohnerin Osternburgs als gefunden auf der Polizeiwache abgegeben. (Unterstreichung im Original)

(17) G III.

(18) Abschrift des Vertrages von 1931 VII 1 in: Best. 136–2801.

(19) Best. 136–2866, LB v. 1930 VI 24. (Unterstreichung vom Verfasser)

(20) So verlangten nicht zufällig mehrere Ortsgruppen in Anträgen an den Bezirksparteitag vom November 1932 eine Erhöhung des bei den Ortsgruppen verbleibenden Anteils der Mitgliedsbeiträge von 10% auf 15 – 25% (Best. 136–2801).

(21) Weber, Die Wandlung des deutschen Kommunismus. Frankfurt 1969, Bd. 1, S. 274.

(22) Cassebohm war Ministerpräsident des Freistaates Oldenburg und stand einem dreiköpfigen "Beamtenkabinett" vor. Vgl. dazu und zu dem Volksentscheid Klaus Schaap, Das Ende der Weimarer Republik im Freistaat Oldenburg 1928 – 1933. Düsseldorf 1978.

(23) Weber, a.a.O., S. 242 f.
Ossip K. Flechtheim, Die KPD in der Weimarer Republik. Frankfurt am Main 1969, S. 277 f.

(24) Die KPD verlor bei dieser Wahl einen Sitz, so daß sie nur mehr zwei Abgeordnete in das Parlament entsandte. Eine Wahlanalyse der Stimmenanteile im Arbeiterviertel Osternburgs – dem Zentrum lokaler KPD–Aktivitäten – ergab deutliche Stimmenverluste der Arbeiterparteien und insbesondere der KPD. Ein Teil dieser Verluste konnte von der NSDAP als Stimmenzuwachs – bei zurückgegangener Wahlbeteiligung – verbucht werden.
Vgl. dazu auch die Analysen der Wählerbewegungen bei: Klaus Schaap, Das Ende der Weimarer Republik im Freistaat Oldenburg 1928 – 1933. Düsseldorf 1978.

(25) Best. 136–2866, LB v. 1931 VI 11;
Best. 136–2859

(26) A.a.O.

(27) Vgl. dazu: Poppinga, Onno/Bart, Hans–Martin/Roth, Hiltraut, Ostfriesland. Biographien aus dem Widerstand. Frankfurt am Main 1977.

(28) G III.

(29) Kommunistische Partei Deutschlands. Bezirk Nordwest: Bericht der Bezirksleitung an den Parteitag v. 26./27. November 1932 in Bremen. In: Best. 136 Nr. 2801. (Unterstreichung im Original.)

(30) Best. 136–2866, LB v. 1924 X 15.

(31) Bericht der Bezirksleitung, a.a.O.

(32) Best. 136–2866, Bericht v. 1930 XI 3.

(33) Best. 136–2859, Bl. 533.

(34) A.a.O., Bericht v. 1931 I 21.

(35) Best. 136–2866, LB v. 1931 III 18.

(36) A.a.O.

(37) Best. 136–2861, Bericht über die Kundgebung v. 1932 VII 3.

(38) Abschrift in: Best. 136–2867, Anl. zu Bl. 79.

(39) Best. 136–2866, LB v. 1926 VIII 15.

(40) Ein Exemplar des betr. Artikels fand sich in: Best. 136–2866, a.a.O.

(41) A.a.O., Lagebericht v. 1928 III 1.

(42) Best. 136–2859, Bl. 544.

(43) Best. 136–2866, LB v. 1931 III 8.

(44) Best 136–2859, a.a.O.

(45) Jürgen Habermas. Strukturwandel der Öffentlichkeit. Untersuchungen zu einer Kategorie der bürgerlichen Gesellschaft. Neuwied und Berlin 1969 4.

Oskar Negt/Alexander Kluge, Öffentlichkeit und Erfahrung. Zur Organisationsanalyse von bürgerlicher und proletarischer Öffentlichkeit. Frankfurt am Main 1973 2.

(46) Sartre hat den Begriff des "seriellen Verhaltens" zur Kennzeichnung des Bewußtseins und des Verhaltens von einzelnen Arbeitern, Gruppen und Parteiorganisationen geprägt, die, 'nicht vereint durch einen Kampf', zur Spontaneität unfähig "beständig andere als sie selbst" seien. Dagegen stellt Sartre den Begriff der "fusionierenden Gruppe", die sich über gemeinsame Aktionen angesichts eines "heißen Zustands" bilde. In den zwischen den "heißen Zuständen" – Phasen hochgradiger gesellschaftlicher Konflikte – liegenden Zeiträumen relativer gesellschaftlicher Ruhe formt sich nach Sartre notwendig "Serialität" aus. (Vgl.: Jean–Paul Sartre, Kritik der dialektischen Vernunft. Reinbek 1967)

(47) Best. 136–2866, LB v. 1925 V 15.

(48) A.a.O.

(49) A.a.O., LB v. 1926 V 15.

(50) A.a.O., LB v. 1927 V 15 (Arbeiterzeitung zit. nach ebd.)

(51) A.a.O., LB v. 1928 V 24.

(52) A.a.O., LB v. 1929 V 3.

(53) A.a.O., LB v. 1930 V 14.

(54) A.a.O., LB v. 1931 VI 11.

(55) A.a.O.

(56) G III.

IV

NEUERSCHEINUNG

Im Rahmen der Reihe „Andere Texte" (Hrsg.: Michael Wortmann)

Die meisten Menschen fühlen, daß sie nicht mehr so weiterleben können wie bisher, wissen aber noch nicht recht, wie sie anders leben könnten. Diese Kluft möchte der Autor durch zahlreiche Anregungen schließen, die er aus seinem eigenen Engagement schöpft. G. B. zufolge stehen wir auf der Schwelle einer neuen Kulturepoche, die jedoch bewußt erschaffen werden will — aus der menschlichen Mitte statt nur aus dem Kopf. Der Mann hat das Mandat des Kosmos anscheinend vorerst verspielt. Deshalb tritt das weibliche in den Vordergrund. Männliche Formkraft und weibliche Seinskraft sind auf einander bezogen, fallen aber z.Zt. auseinander.

Das Buch beginnt mit dem Satz: „Der Feminismus ist die Selbstbewußtwerdung der Frau u n d des Weiblichen im Mann." Es enthält Betrachtungen, Tagebuchauszüge, Aphorismen, Reflexionen, Buchbesprechungen, eine philosophische Ortung, ein ökologisches Märchen, ferner Gedichte und einige Brandmalereien. Die Leser sollen auf allen Daseinsebenen angesprochen werden. Die scheinbar verwirrende Vielfalt gruppiert sich um den Doppelkern von Alternativkultur und Ökofeminismus. Bartsch erläutert seine Idee der Achsenverlagerung vom Männlichen zum Weiblichen und realisiert gleichzeitig sein Modell eines ganzheitlichen Buches.

Ein ungewöhnliches Buch aus dem „neuen Zeitalter", das den bekannten Zeithistoriker von einer anderen Seite zeigt.

Ca. 80 S., ca. 12,30 DM, ISBN 3-922115-02-0, 1980
Zu beziehen durch alle Buchhandlungen, insbesondere solche mit ökologischer- und Alternativliteratur, sonst direkt durch
Verlag das fenster   — Postfach 1246 — D 2448 Burg — Tel. 04371/2703